JEAN DE BLOCH

ÉVOLUTION DE LA GUERRE
ET DE LA PAIX

III

La Guerre Navale

Extrait de l'ouvrage en 6 volumes ayant pour titre :

LA GUERRE

Aux points de vue technique, économique et politique

PARIS

IMPRIMERIE PAUL DUPONT

4, RUE DU BOULOI, 4

1899

ÉVOLUTION DE LA GUERRE
ET DE LA PAIX

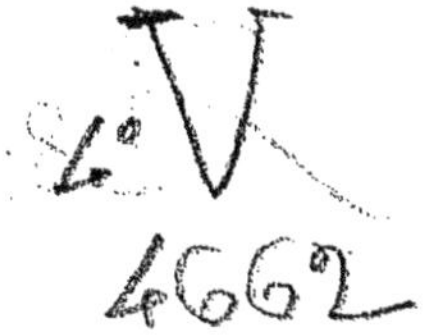

Jean de BLOCH

ÉVOLUTION DE LA GUERRE ET DE LA PAIX

III

La Guerre Navale

Extrait de l'ouvrage en 6 volumes ayant pour titre :

LA GUERRE

Aux points de vue technique, économique et politique

PARIS

IMPRIMERIE PAUL DUPONT

4, Rue du Bouloi, 4

1899

Jean de BLOCH

ÉVOLUTION DE LA GUERRE
ET DE LA PAIX

III

La Guerre Navale

Extrait de l'ouvrage en 6 volumes ayant pour titre :

LA GUERRE

Aux points de vue technique, économique et politique

PARIS
IMPRIMERIE PAUL DUPONT
4, RUE DU BOULOI, 4

1899

INTRODUCTION

Il existe encore dans tous les États européens des milliers
d'hommes qui ont pris part à une guerre continentale et qui sont
en état d'en dépeindre les horreurs. Mais, dans ces derniers temps,
de grandes guerres navales n'ont pas éclaté en Europe, si l'on fait
abstraction du combat de Lissa livré en 1866 entre les escadres autri-
chiennes et italiennes. Les flottes n'ont point joué de rôles marquants
dans la guerre franco-allemande de 1870-71, ni dans la campagne
russo-turque. Il faut ajouter que la plus grande partie de la population de l'intérieur du pays fait son service militaire dans les rangs
des armées de terre, et que les troupes de mer sont recrutées principalement parmi les habitants du littoral. Sur le continent l'élément
militaire est continuellement en contact avec l'élément civil, tandis
que les soldats de la marine vivent, pour ainsi dire, dans un monde
à part, et font leur éducation de marins en naviguant pendant de
longues années dans des contrées très éloignées.

Il est, par conséquent, beaucoup plus facile aux civils de se faire
une idée plus ou moins exacte d'une guerre sur terre que d'une
guerre navale. Si, malgré cela, bien des hommes du métier affirment
que les préparatifs de guerre ont progressé dans tous les États,
qu'on y a adapté consciencieusement tous les progrès réalisés dans
la science et la technique, que les armements sont depuis un an
perfectionnés au point que les guerres du passé ne peuvent plus
nous donner qu'une bien faible idée de ce que sera la guerre future,
il est certain que c'est surtout de la guerre navale qu'on se fait une
idée vague et confuse.

Nous voyons, d'autre part, que les grandes puissances européennes ont commencé ces temps derniers à diriger spécialement
leur attention vers la guerre navale et que les dépenses affectées

au renforcement des flottes ont progressé dans une mesure relativement plus forte que les frais relatifs aux armées de terre. Les puissances européennes sacrifièrent, en 1874, 615,4 millions de marks à leurs armées de terre et 158,2 millions de marks à leurs flottes ; en 1896, ces mêmes dépenses s'élevèrent à 893,6 millions de marks pour les armées de terre et 299,6 millions de marks pour les flottes.

Si, en conséquence, nous désignons par 100 les dépenses faites en 1874 pour ces forces de combat, nous voyons qu'elles représentaient, en 1896, 145 0/0 pour les armées de terre et 189 0/0 pour les flottes. Ce seul exemple suffit à démontrer que les puissances attribuent une très grande importance aux opérations des flottes pendant la guerre future.

Ces considérations nous engagent, en nous basant sur notre volumineux ouvrage (*La Guerre aux points de vue technique, économique et politique*) à dépeindre dans une forme concise et compréhensible pour tous, le caractère de la guerre navale dans l'avenir, étant donnés les puissants moyens de destruction dont disposent les flottes modernes.

Nous estimons qu'il est également utile d'indiquer les conséquences qu'entraînera nécessairement une guerre navale.

Nous ne nous occuperons du passé qu'en tant que l'exige la compréhension du présent et nous laisserons parler les faits, car les conclusions s'en dégagent d'une manière très nette.

Jean de BLOCH.

ÉVOLUTION DE LA GUERRE

ET DE LA PAIX

Une description, mise à la portée de tous, des moyens d'attaque et de défense dans la guerre navale, présente encore plus de difficultés ici que pour la guerre en terre ferme.

Cela provient de l'extrême variété des moyens en question et de leurs transformations quotidiennes si complètes qu'on ne tarde pas à douter de leur valeur.

Afin de donner, même à ceux qui ne sont pas marins, une idée des engins dont on compte se servir dans les combats navals, et pour faciliter la comparaison de ces engins, au point de vue de leurs effets, avec ceux qu'on employait autrefois, il faut évaluer le degré relatif de développement et de perfectionnement des flottes et des moyens d'action imaginés pour elles dans les différents pays. Or, cette évaluation comparative est bien plus compliquée que celle des forces de terre. Tandis que cette dernière porte seulement sur des objets de même nature : nombre de soldats, de canons, de chevaux, etc., la mise en regard des flottes des différents pays aux différentes époques amène à considérer des unités de nature diverse; attendu que ce n'est pas seulement l'armement des navires qui se modifie, ce sont leurs modèles eux-mêmes. Tellement que, de l'avis de bien des personnes, un seul cuirassé actuel, un seul croiseur à marche rapide armé de pièces à longue portée et outillé pour se servir d'engins explosibles, serait en état d'accomplir ce qui, autrefois, eût exigé toute une escadre.

Par contre, à ces énormes cuirassés et croiseurs, avec leurs canons puissants, ce n'est pas seulement d'autres bâtiments de même force qu'on opposera, mais encore de petits torpilleurs à peine visibles sur les flots. Le jour, ils ne feront qu'apparaître brusquement et disparaître, mais la nuit ils s'approcheront traîtreusement des géants et avec leurs torpilles les couleront à fond.

Constructions navales cuirassées.

L'évolution qui s'est produite sur ce terrain est instructive ; non seulement au point de vue des succès mêmes obtenus par la technique, mais aussi parce qu'elle met particulièrement en relief les conditions de rivalité sans fin où la rapidité de ces succès place, à l'égard les uns des autres, les différents États.

Jamais encore aucune des inventions précédentes relatives à la marine ne s'était développée aussi rapidement et sous tant de formes différentes que l'application de la cuirasse. Si nous jetons un coup d'œil sur la construction navale d'autrefois, nous nous convaincrons que le principe scientifique de cette invention a été posé il y a déjà deux cents ans. Au moyen âge comme dans l'antiquité, on n'avait que des navires à rames, des galères conduites par quelques dizaines de rameurs, et bonnes seulement pour la navigation côtière. Ce n'est qu'à partir du XIVe siècle que l'on commença d'arriver aux navires à voiles de grandes dimensions et munis d'un gouvernail. L'invention, à cette époque, de la boussole, permettait déjà une navigation plus libre, malgré l'imperfection des bâtiments. Il n'y avait pas encore, alors, de flottes royales ; et, en cas de guerre, on nolisait pour le transport des troupes les navires des simples particuliers. Jusqu'à la moitié du XVIe siècle, les navires se construisaient longs, hauts et étroits, ce qui avait pour résultat leur instabilité. C'est avec de tels bâtiments que de hardis marins se lancèrent dans des navigations lointaines et ouvrirent les routes maritimes de l'Inde et du Nouveau Monde.

Le *Great Harry*, construit en Angleterre en 1547, avec un déplacement de 1,000 tonnes et armé de 122 canons, dont beaucoup de petits, passait pour un géant.

Mais ce navire même n'avait été construit que d'après les indications de la pratique expérimentale. C'est seulement à partir de 1665, quand Master Den détermina pour la première fois, par le calcul, la profondeur des bâtiments, que commencèrent les applications de la science aux constructions navales. A dater de ce moment, elles firent de rapides progrès, et les navires à voiles atteignirent très vite le plus haut degré de perfection qu'on pût en attendre.

L'invention de Fulton, en 1807, précéda celle de Stephenson. Son application à la marine fut, comme on sait, repoussée par Napoléon; mais aux États-Unis, dès 1815, fut lancé un navire à vapeur armé de 12 canons; et la construction de ces bâtiments se développa rapidement en Europe.

La première apparition des navires revêtus d'une cuirasse remonte à l'époque de la guerre de Crimée. Le bombardement de Sébastopol, par la flotte unie anglo-française, prouva immédiatement aux alliés que leurs navires en bois pouvaient facilement être incendiés et détruits, dans la lutte contre des fortifications côtières armées d'un nombre suffisant de canons à bombes.

Cela conduisit à essayer de protéger les navires par des plaques de fer, et, dès 1854, on se mit à construire en France trois batteries flottantes en bois, destinées à l'attaque des fortifications des côtes russes de la mer Noire. Les Anglais qui avaient également l'intention d'attaquer Cronstadt, en 1856, construisirent sept batteries flottantes en fer.

Il se trouva que les projectiles de l'artillerie russe dirigés contre ces batteries ne leur firent de mal que quand, par hasard, ils frappaient dans l'ouverture même d'une embrasure. D'où fut tirée cette conclusion que, si l'on arrivait à construire des navires couverts d'une cuirasse de fer et capables cependant d'évoluer aisément en haute mer, ils seraient invincibles.

Par ordre de l'Empereur Napoléon III, on entreprit en 1858 la construction de la première frégate cuirassée, la *Gloire*, d'après les plans de l'éminent ingénieur Dupuy de Lôme. — Cette frégate devait, suivant l'expression de son constructeur, faire au milieu des navires de bois l'effet d'un *lion dans un troupeau de moutons*. Elle revint à 7 millions de francs, c'est-à-dire presque au triple de ce que coûtaient les plus grands vaisseaux de ligne; mais tout le monde trouva qu'en vue des résultats qu'elle pouvait donner, cette dépense n'était pas trop considérable.

La première frégate cuirassée.

Le premier pas ainsi fait par la France dans cette voie nouvelle fut promptement imité en Angleterre et en Amérique. — Toutefois, le fait décisif qui décida de l'abandon des navires en bois, ce fut leur première lutte contre des cuirassés; lutte qui eut lieu en 1862, en Amérique, dans la rade d'Hamilton, où se trouvaient trois frégates à hélice de 50 canons et deux vaisseaux de guerre à voiles appartenant aux États du Nord.

Ces bâtiments étaient si bien armés qu'il eût été impossible d'en trouver, dans toutes les flottes étrangères, cinq de même rang dont la puissance en artillerie eût pu être comparée à la leur. Le *Merrimac*, appartenant aux Etats-Unis du Sud, et venant de Norfolk, s'avança vers eux sans présenter d'autre apparence que celle d'une frégate ordinaire de haut bord transformée en bâtiment cuirassé.

A deux heures de l'après-midi, commença un combat qui fut sans contredit le plus remarquable de notre temps par ses graves conséquences. — A sept heures du soir, la lutte était finie; elle avait eu les résultats suivants : 2 frégates étaient détruites avec 250 hommes tués ou noyés; les trois autres navires avaient pu s'échapper à la faveur de la nuit, et le *Merrimac* rentrait intact à Norfolk.

Lutte du « Merrimac » contre le « Monitor » — Le lendemain, ce même *Merrimac* retourna de nouveau sur la rade d'Hamilton; mais cette fois, son commandant et son équipage y aperçurent une sorte de petit navire d'aspect étrange, dont ils n'avaient jamais rencontré le pareil, et qui leur parut être un objet de curiosité et de plaisanterie. Ce petit navire était le *Monitor*, arrivé de New-York à 2 heures du matin seulement. Quelques minutes après, le *Merrimac* ouvrit contre le *Monitor* le feu de ses énormes canons. Et c'est ainsi que commença un combat, fameux dans les annales de la marine moderne, qui dura plus de trois heures, presque à bout portant, et au cours duquel les deux adversaires essayèrent plus d'une fois de se défoncer l'un l'autre à coups de bélier. Le résultat de ce genre de lutte, dont on n'avait encore vu d'exemple nulle part, fut, à l'étonnement du monde entier, que le *Monitor* resta indemne, tandis que le *Merrimac* dut se retirer à Norfolk avec de telles avaries, que les Sudistes furent obligés de le démolir eux-mêmes sans plus tarder.

Ainsi se termina cette affaire, origine d'une véritable révolution dans les procédés de la guerre navale, où, désormais, les navires à vapeur en bois ne pouvaient évidemment plus entrer en lutte avec les cuirassés.

Les États maritimes, qui se considéraient comme de grandes puissances navales, ayant compris qu'ils se trouveraient entièrement désarmés s'ils ne prenaient pas résolument des mesures pour augmenter leur flotte cuirassée, commencèrent avec une activité fiévreuse à s'efforcer de réaliser ce qui ne semblait pas réalisable : avoir des navires protégés par une cuirasse que ne pourraient pas percer les coups de la plus forte artillerie.

Il n'est pas une des spécialités de la marine, y compris la construction même des navires, qui présente d'aussi étonnants résultats, au point de vue des innovations et des progrès obtenus depuis 1860, que l'artillerie navale.

Nous ne pouvons mieux le faire comprendre qu'en comparant l'armement dans le passé et dans le présent. Pour cela, prenons un ancien navire armé de 84 canons, le *Prokhor*, et un bâtiment moderne, le *Piotr Vélikii*, qui n'a pour armement que 4 canons rayés de 12 pouces. Eh bien, le *Piotr Vélikii* produit, en tirant ses quatre pièces, un effet total de choc trois fois plus grand que le *Prokhor* en tirant également toutes les siennes.

Les 84 projectiles du *Prokhor*, s'il était possible de les lancer tous ensemble dans une même direction, ne feraient pas le moindre mal à la cuirasse même du plus faible des cuirassés actuels. Car les plus puissants canons dont on disposait au commencement de la période dont il s'agit auraient à peine pu produire une éraflure dans la plus mince des plaques employées maintenant pour cuirasser les navires. Tandis que chacun des projectiles lancés par le canon de 12 pouces est capable de percer, jusqu'à 2 kilomètres de distance, la muraille du plus puissant des cuirassés d'aujourd'hui, dont l'épaisseur est cependant de 3 pieds, et qui est recouverte d'une plaque de 13 pouces d'épaisseur. Et il faut ajouter que le *Piotr Vélikii* étant un navire à tourelles, ses 4 canons peuvent être dirigés simultanément contre une portion relativement peu étendue de la muraille à frapper.

Mais ces mêmes canons ne peuvent rien contre quelques-uns des navires que l'on construit actuellement, qui sont couverts d'une cuirasse de 20 et même de 24 pouces d'épaisseur, entièrement en acier. Aussi, en même temps que ces derniers bâtiments, sont apparus des canons plus puissants encore ; et plus se sont perfectionnées les bouches à feu, plus on a imaginé de fortes plaques pour protéger les navires. Si bien que ce combat acharné entre l'artillerie et la cuirasse dure encore aujourd'hui.

Pour venir à bout de cette dernière, on a eu recours à des projectiles d'acier et on a augmenté de plus en plus la violence de leur choc. Ce qui a eu pour conséquence un nouvel épaississement des plaques contre lesquelles on a imaginé ensuite des projectiles encore plus puissants. Puis, dès l'apparition de ceux-ci, il a fallu surépaissir la cuirasse, en augmentant les dimensions des navires pour leur permettre de la supporter. D'où, entre les inventeurs, une rivalité continuelle au cours de laquelle l'ont emporté tour à tour tantôt les projectiles et tantôt les cuirasses, sans que personne écoutât la voix des économistes, qui prédisaient les tristes conséquences de cette lutte acharnée entre l'artillerie et le cuirassement. Lutte dont le résultat final a été qu'aujourd'hui flottent sur les mers des colosses d'acier, sortes de forteresses mobiles, capables d'anéantir non seulement des navires, mais tous les ouvrages élevés sur les côtes, et même les villes qui s'y trouvent.

Quelques chiffres permettront de juger où l'on en est arrivé sous ce rapport.

Prix de différents cuirassés. Le prix d'un vaisseau de ligne à vapeur de 1re classe ne dépassait pas 2,500,000 francs. Or, pour la construction du premier cuirassé anglais, le *Warrior*, il fut dépensé, en 1860, près de 9 millions. Et ce n'était que le commencement de l'augmentation du prix de revient des bâtiments de guerre. Le cuirassé allemand *Kœnig Wilhelm*, construit en 1868, coûtait déjà plus de 12 millions de francs; en 1876, le *Duilio* italien revint à près de 18 millions, et l'*Italia*, en 1886, à 25 millions. Ainsi, en vingt ans, le prix de revient des cuirassés avait triplé (1).

La plus grande partie des dépenses sont absorbées par la cuirasse. Sur 21 millions de francs consacrés à l'un des cuirassés les plus récents, le *Magenta*, la cuirasse a coûté 15 millions, c'est-à-dire 71 0/0 du prix total.

Canons et projectiles. Examinons maintenant de quels moyens on dispose pour détruire ces géants maritimes. Un vaisseau de guerre à voiles de premier rang était armé de 120 canons pesant ensemble 480 tonnes. Le premier cuirassé ne portait que 32 canons, mais ils pesaient 690 tonnes. Sur le cuirassé l'*Italia*, construit en 1886, il n'y a que 4 grands canons et 8 petits, mais ils pèsent presque le double des 32 canons du premier cuirassé : 1,150 tonnes! Ainsi, depuis le temps des navires à voiles, le poids des canons est devenu 25 fois plus fort. Naturellement, le poids et les dimensions des projectiles se sont augmentés de même, ainsi que leur puissance destructive, surtout par suite de leur remplissage au moyen de substances explosives. Le diamètre d'un projectile du cuirassé *Warrior* était de 16 centimètres et son poids de 31 kilog. 500 ; sur le cuirassé *Italia*, le diamètre arrive à 43 centimètres et le poids à 907 kilogrammes. Ainsi, en vingt ans, la puissance du projectile, en ne tenant compte que de son poids, est devenue 30 fois plus grande.

Mais on n'en est pas resté là. L'Angleterre continue d'être à la tête des pays qui s'efforcent de marcher dans la voie du perfectionnement des moyens de destruction employés sur mer. Il y a quelques années, les bâtiments anglais étaient armés de canons du calibre de 305 millimètres et leur cuirasse avait 30 centimètres d'épaisseur. Ensuite, on les a munis de canons de 406 millimètres, pesant 80 tonnes, et dont les projectiles pèsent 800 kilogrammes. Puis, en voyant plus tard l'Italie armer ses cuirassés *Duilio* et *Dandolo* de canons de 100 tonnes, les Anglais ont mis à l'étude un projet de canons de 200 tonnes, capables de lancer des projectiles de 3,000 kilogrammes et de percer une cuirasse de 90 centimètres d'épaisseur.

Or, sait-on combien coûte le tir de ces canons ? Le *Progrès Militaire*, en s'appuyant sur les données du budget de la marine française, fait le calcul suivant : Un coup de canon de 110 tonnes revient en chiffres ronds à 4,160 francs, ce qui correspond aux intérêts d'un capital — en calculant à 4 0/0 — de 104,000 francs. Cette somme se répartit ainsi : 1,900 francs pour 450 kilogrammes de poudre et 2,260 francs pour un projectile de 900 kilogrammes, total 4,160 francs. Prix du tir
des canons.

Et ce n'est pas tout. Un canon de 110 tonnes *ne supporte que le tir de 93 projectiles*, après quoi il est mis hors de service. Et comme le prix du canon est de 412,000 francs, il en résulte qu'à chaque coup sa valeur diminue de 4,340 francs ; ce qui reporte le prix de revient du coup à 8,500 francs. Ainsi, toutes les fois qu'un de ces canons fait feu, il jette au vent le revenu annuel d'un capital de 212,500 francs. Par conséquent *mille coups semblables représentent le revenu d'un capital de 212 millions et demi de francs.*

Si nous passons aux canons de moindre calibre, nous trouvons : que le coup de celui de 67 tonnes (qui vaut 250,000 francs et que 127 coups mettent hors de service) revient à 4,600 francs ; que le coup du canon de 45 tonnes (valeur : 157,500 francs, hors de service après 150 coups) revient à 2,450 francs. Il n'y a que la vie des marins de la flotte dont on n'évalue pas le prix : « Malheur à l'humanité lancée sur une telle pente ! » conclut le *Progrès Militaire*, — en ajoutant qu'au fur et à mesure des progrès de la technique les dépenses applicables à tout cela augmentent sans cesse.

L'amiral Pestitch fait une très intéressante comparaison : « Les six vaisseaux russes qui ont pris part au combat de Sinope avaient comme armement environ 600 canons de fonte, sur lesquels 300 mis en action foudroyèrent tout ce qui existait dans Sinope. Et cependant la valeur de ces 300 bouches à feu, d'après les prix de l'époque, ne dépassait pas celle d'un seul canon de 100 tonnes actuel. Quels résultats pourrait-on attendre de cette unique pièce, qui ne tire pas plus de cinq coups à l'heure ? » Il n'y a que la guerre future, semble-t-il, qui puisse répondre à cette question. Les canons des géants maritimes actuels seront capables de bombarder des ports, des forteresses et des villes, de l'avis de beaucoup de spécialistes, même à plus de 10 kilomètres de distance.

Les conséquences de tels phénomènes ne peuvent évidemment pas se mesurer par leur seule action matérielle. En tout cas, il est encore une autre question qui ne manque pas d'importance : c'est celle des résultats économiques où vont se trouver entraînées les nations européennes par ces perpétuels changements d'armements.

De plus, comme les progrès de la technique ont eu pour résultat de permettre aux cuirassés des nouveaux types de déployer beaucoup plus de vitesse et de parcourir une distance plus que double sans reprendre de charbon, et comme les bâtiments des anciens types sont considérés comme sans valeur pour les opérations de guerre, nous avons dû donner ici des renseignements numériques sur l'état actuel des flottes à ce point de vue.

Moyens d'attaque et de défense des cuirassés. L'étude des *Moyens d'attaque et de défense des cuirassés actuels* force à examiner une question très intéressante par elle-même, celle de savoir quelle résistance on doit admettre pour la cuirasse ; beaucoup d'écrivains autorisés concluant, d'après les expériences faites aux manœuvres, que la cuirasse, même des plus récents modèles, ne donne pas pleine sécurité contre l'artillerie navale, puisque la force vive d'un projectile du canon de 40 centimètres est, au moment du choc, double de celle du coup qui coula le *Der Grosse Kurfürst*.

En outre, les effets puissants de l'artillerie actuelle ne peuvent manquer de faire naître des efforts pour décider le combat à coups de bélier. Mais le rôle que le bélier jouera dans les combats de l'avenir est encore absolument hypothétique.

L'histoire de l'éperon est tout à fait originale en ceci que, depuis l'époque des galères, on était resté pendant très longtemps sans en faire usage. La raison en était que les bâtiments à voiles ne pouvaient se porter en avant qu'en suivant certaines directions qui dépendaient du vent. L'emploi de la vapeur permit aux navires de se mouvoir dans une direction quelconque, ce qui rendit de nouveau possible de se servir de l'éperon comme arme. Cependant on n'y songea qu'après la guerre de Sécession des États-Unis ; et encore fallut-il un épisode aussi remarqué que l'attaque de la frégate en bois *Cumberland*, par le *Merrimac*, — qui la coula à fond d'un coup d'éperon, — pour que l'on comprît l'importance réelle de cette arme. **L'éperon.**

Aujourd'hui, — depuis l'invention des torpilles portées et l'introduction, dans les dernières années, des torpilles automobiles Whitehead — le danger auquel sont exposés les deux adversaires est devenu relativement plus grand encore. Les navires qui auront mal calculé leur coup, et qui, par suite, n'auront pas choqué leur adversaire, risquent d'être coulés par une torpille et le tir de celle-ci offre, en pareil cas, un danger tout spécial.

D'après son importance et sa puissance, l'éperon fut considéré, pendant bien des années, comme une arme de premier ordre ; et cette manière de voir fut encore fortifiée par la rencontre du *Re d'Italia* et du *Ferdinand Max*, à la bataille de Lissa, où le premier de ces deux navires fut coulé par le second. L'importance de l'éperon fut alors tellement prisée que plusieurs officiers conseillèrent la construction de navires insubmersibles munis d'un éperon et sans aucun armement en artillerie, dont un certain nombre eussent été attachés à chaque escadre. Et, en effet, on construisit des navires armés seulement de canons légers et exclusivement organisés pour le combat à l'éperon.

Voici comment l'amiral Werner décrit les mouvements tactiques des navires dans un combat à l'éperon : « Les bâtiments se meuvent tant à petite qu'à pleine vitesse, en avant et en arrière, soit pour éviter un coup, soit pour le porter, les hélices et les corps entiers des bâtiments se rasant de près les uns les autres. Entre les navires, par suite de l'action des hélices, il se forme un remous dans lequel les torpilleurs — nains assez audacieux pour se mêler au combat des géants — sont secoués par les vagues comme des fèves dans un tambour, puis, s'étant glissés entre les coques des cuirassés, sont écrasés par eux. Les deux bâtiments-amiraux, chacun de leur côté, se sont jetés sur la ligne ennemie, et on ne peut plus alors se représenter les autres navires que groupés par deux se soutenant l'un l'autre et manœuvrant de leur propre mouvement pour faciliter l'attaque de leurs amiraux : il s'efforcent de mettre hors de combat les bâtiments adverses qui se trouvent dans le voisinage dès navires où flotte le pavillon amiral. Ici l'on n'observe plus aucunes règles tactiques. »

Avant que la torpille automobile ne fût devenue une arme de guerre aussi parfaite, et avant qu'on n'eût inventé les lourds canons à chargement par la culasse et les canons légers à tir rapide, on avait expérimenté l'éperon. Sur 74 coups d'essai, il y en eut 42 ou des avaries furent causées, soit à l'un des deux bâtiments choqués, soit à tous deux. — Et sur ces 42 coups, il y en eut 24 où le navire qui avait porté le coup n'éprouva pas d'avaries sensibles. — Mais il y en eut 7 où le bâtiment choquant ne souffrit pas moins que le bâtiment choqué. Enfin, dans les 7 autres cas, le premier éprouva même des avaries plus sérieuses que son adversaire. Jamais, toutefois, les deux bâtiments ne coulèrent simultanément.

Torpilles et torpilleurs — Avec l'armement actuel en torpilles dont sont munis les navires, les spécialistes en arrivent à se demander pourquoi les capitaines essaieraient d'agir avec leur éperon, puisque la torpille peut leur rendre le même service — outre que l'ennemi peut bien plus difficilement l'éviter et que son emploi est bien moins dangereux, ou même n'est pas dangereux du tout pour celui qui s'en sert. On admettrait bien, dit Cowles, qu'un capitaine ayant préalablement mis, au moyen de l'artillerie, son adversaire hors de combat, pût l'éperonner avec des chances sérieuses de succès. Mais, en faisant cela, il s'expose en même temps à avarier son navire par ce choc même, ou à se heurter à des torpilles.

Pour donner au lecteur une appréciation quelque peu exacte des dangers courus par les navires du fait des torpilles, nous devons consacrer quelques lignes à cet engin de combat.

Aussitôt que les progrès de la construction navale eurent permis à l'Angleterre de lancer un grand nombre de bâtiments armés de canons énormes et qu'une épaisse cuirasse d'acier rendait capables de résister aux plus puissants projectiles, on se demanda s'il ne serait pas possible d'amener des mines sous ces colosses ou de les détruire au moyen d'engins explosifs dirigés contre les parties du bâtiment situées au-dessous de la ligne de flottaison et qui ne pouvaient être que faiblement protégées. Un moyen, depuis longtemps connu, d'obtenir ce résultat, c'était l'emploi de torpilles, c'est-à-dire de caisses remplies de substances capables de détoner au moment du choc contre le navire. Mais, pendant longtemps, l'application pratique de cette idée parut très difficile. Beaucoup d'obstacles s'opposaient à sa réalisation, si bien que, dans ces derniers temps seulement, le problème fut résolu d'une manière satisfaisante.

On commença par construire des chaloupes spéciales, petites, mais d'une marche très rapide, destinées à lancer des torpilles contre l'ennemi, et on les appela des torpilleurs.

Les expériences montrèrent que le navire qui lance la torpille est en pleine sécurité si, en employant comme chargement de cet engin 25 à 30 kilogrammes de poudre, ou 6 à 7 kilogrammes de dynamite, ou 10 à 12 kilogrammes de pyroxyline, il s'écarte à 6 mètres du point où a lieu l'explosion et si la torpille se trouve sous l'eau à une profondeur de $2^m,50$. Comme à 6 mètres on peut facilement pousser la torpille sur le bâtiment ennemi au moyen d'une perche ou espar, la question consistait à construire des navires le moins visibles possible au moment où ils s'approchaient de l'ennemi.

Lors de la guerre russo-turque de 1877, neuf attaques exécutées par les torpilleurs russes firent perdre aux Turcs un cuirassé et deux vapeurs ; trois autres cuirassés furent en outre fort avariés. Les pertes en hommes ne sont pas connues. Du côté des Russes, un torpilleur fut coulé et trois autres furent endommagés, ainsi que trois chaloupes à vapeur. Il y eut 2 marins tués et 10 blessés.

Non moins grand fut le succès des torpilleurs français au cours de la campagne du Tonkin en 1885.

Deux chaloupes à vapeur ordinaires, qui n'avaient pas plus de 14 mètres de long, ayant pris des torpilles, attaquèrent, dans la nuit du 14 au 15 février 1885, une frégate chinoise de 3,500 tonneaux et la coulèrent. Cette frégate était abritée dans le port de Cheï-Po, protégée par des ouvrages fortifiés, et l'amiral français Courbet se trouvait, avec son escadre, à quelques milles marins de ce port. Profitant d'une nuit obscure, les chaloupes françaises parcoururent toute cette distance sans être aperçues et, après la destruction du navire chinois, elles revinrent tranquillement au vaisseau-amiral.

L'expérience de la guerre du Chili, en 1891, confirme, semble-t-il, les prédictions d'un brillant avenir fait aux torpilleurs dans la lutte avec les cuirassés.

Le 23 avril 1891, la canonnière-torpilleur *Almirante-Condell* et, naviguant dans ses eaux, l'*Amirante-Linch*, marchant à demi-vitesse, entrèrent, sans que personne les aperçût, dans la rade de Port-Colbert. L'attaque fut dirigée par tribord avant du cuirassé *Blanco-Encalada*, qui appartenait aux congressistes. L'*Almirante-Condell* arriva le premier à portée du bâtiment et, s'en étant approché à 100 mètres, lança au moyen de son tube d'avant une torpille dirigée sur celui du cuirassé, mais qui passa à côté ; s'approchant plus près encore et présentant sa hanche de bâbord, l'*Almirante-Condell* lança, d'environ 50 mètres, une seconde torpille qui atteignit le but, — à ce moment le navire attaqué ouvrit le feu, — puis encore une troisième qui toucha également, après quoi le torpilleur s'éloigna. L'*Almirante-Linch* s'approcha aussi très près du *Blanco-Encalada*, lança d'abord, de son tube d'avant, une torpille — qui rata — et virant de bord, en lança de son tube de bâbord une seconde, qui atteignit le cuirassé en son milieu. — En deux minutes, le *Blanco-Encalada* coula.

Cette attaque par les torpilles avait duré en tout *sept* minutes. Et les torpilleurs n'étaient pas restés plus de *quatre* minutes exposés à courte distance à un violent feu d'artillerie qui ne leur causa que des avaries insignifiantes.

On voit par là quels ennemis dangereux pour les cuirassés sont les torpilleurs, qui peuvent actuellement agir avec leurs engins de trois manières : soit par torpilles portées au moyen de perches d'avant longues de 25 à 30 pieds, soit par torpilles lancées, soit enfin par torpilles automobiles Whitehead et autres systèmes analogues. Il faut du reste observer que, maintenant, on arme de ces engins automobiles non seulement les torpilleurs, mais presque tous les bâtiments de guerre.

La plus grande portée des torpilles lancées est de 1,000 mètres. On admet qu'avec la construction parfaite de celles d'aujourd'hui, il n'est pas nécessaire de s'approcher de l'adversaire en deçà de 200 mètres. Les spécialistes assurent en outre que, si le bâtiment visé est immobile et la mer tranquille, deux coups sur trois atteindront le but. S'il s'agit d'un navire qui soit en marche comme le torpilleur, la précision diminue notablement. Avec une distance de 300 mètres entre les deux bâtiments et une vitesse de 8 kilomètres à l'heure, sur trois torpilles lancées il n'y en aura qu'une d'efficace. Au cours d'un combat, quand il est impossible de prévoir les mouvements de l'adversaire, l'effet de ces engins diminuera, sans doute, encore bien davantage; aussi est-il difficile de déterminer la probabilité d'atteindre, avec elles, le but visé.

Tels sont les résultats des dernières expériences; quant aux progrès ultérieurs de la technique, il est impossible de les prévoir; — d'autant que les essais poursuivis en France, en Autriche et en Italie sont enveloppés d'un secret impénétrable. On sait seulement que partout se font des expériences et qu'on instruit des corps particuliers de torpilleurs, composés de spécialistes, afin d'arriver à perfectionner les procédés de la guerre de torpilles. La seule chose certaine, c'est que ces engins, qui sont remplis d'énormes quantités de substances explosives, sont, quand ils atteignent leur but, capables de détruire le plus colossal cuirassé.

Toutefois, les techniciens se sont mis immédiatement à l'œuvre pour paralyser l'action des torpilleurs. On leur a opposé un autre type de bâtiments spécialement destinée à lutter contre eux, et qu'on appelle des croiseurs-torpilleurs; navires fortement armés et dont la vitesse atteint jusqu'à 32 nœuds, c'est-à-dire plus de 50 kilomètres à l'heure. *Moyens de se protéger contre les torpilleurs.*

L'amiral Werner soutient que, dès que la baisse de prix de l'aluminum permettra de l'employer à la construction des navires, on en pourra faire la coque tellement épaisse, en raison de la légèreté du métal, qu'aucun projectile explosif ne pourra la percer, et que la lutte avec les torpilleurs deviendra pure folie. Or, aujourd'hui l'aluminium est devenu si bon marché qu'on en fait des objets pour l'usage domestique, comme, par exemple, des clefs.

Si donc cette prédiction se réalisait, les États européens auraient à dépenser de nouveaux millions pour construire des navires en aluminium. Mais ensuite aussi, le génie inventif, stimulé encore par les industriels et leurs actionnaires dans les sphères administratives des différents pays, se mettrait à chercher des explosifs plus puissants. A qui restera le dernier mot dans cette rivalité? — On ne saurait le dire. — La seule chose certaine, c'est que l'homme en général est bien plus fort pour détruire que pour produire.

Afin de protéger le mieux possible contre les torpilles les organes les plus essentiels du navire, tels que les chaudières, les machines, le gouvernail, etc., on s'est avisé de les couvrir, même au-dessous de la flottaison, d'une cuirasse particulière, et de les protéger par des couches de charbon. Puis, on a organisé tout un compartimentage cellulaire pour assurer l'insubmersibilité du navire, en faisant en sorte qu'au-dessus du pont se trouve, en forme de ceinture, des compartiments remplis de cofferdam ou de charbon. Enfin les cuirassés s'entourent d'un filet spécial qui doit empêcher les torpilles d'arriver jusqu'à leur coque, et par là même éloigner d'eux le point d'éclatement. Mais la pratique seule de la guerre future peut montrer jusqu'à quel point ces dispositifs protecteurs seront efficaces. D'ailleurs des expériences exécutées en Angleterre ont fait voir que la protection par les filets n'atteint pas entièrement son but. En étudiant si un torpilleur pouvait traverser un obstacle constitué par d'épaisses poutres en bois, on a constaté que s'il venait en pleine course, avec une vitesse de 20 nœuds (37 kilomètres à l'heure), heurter l'obstacle, il pouvait le démolir, puis rentrer au port sans avoir éprouvé d'avaries.

En outre, il a été pris toute une série de mesures de précaution pour protéger les cuirassés contre les torpilleurs. De même qu'une armée se couvre par des avant-postes, ces cuirassés se sont entourés de petits bâtiments qui explorent la mer autour d'eux, tant à sa surface que dans ses profondeurs, en employant même parfois pour cela des plongeurs. On observe constamment, au moyen de fortes lunettes, toute approche possible de l'ennemi. La nuit, les rayons de puissants réflecteurs électriques permettent de découvrir un torpilleur à la distance de 200 mètres, c'est-à-dire à partir du moment où il peut servir de but aux canons à tir rapide des bâtiments les plus voisins. Toutefois, l'éclat de la lumière électrique montre également aux torpilleurs le but qu'ils visent et la route qu'ils ont à suivre. Et entre les rayons, il y a toujours des intervalles non éclairés dont peuvent profiter d'autres torpilleurs pour s'approcher du cuirassé sans être vus. Le danger ne disparaît jusqu'à un certain point qu'avec la venue du jour.

D'ailleurs, on n'éclairera pas seulement la surface de la mer, mais sous les cuirassés brûleront aussi des lampes électriques.

Il est impossible, toutefois, de compter toujours sur la lumière. Au cours de manœuvres navales exécutées en France, un léger brouillard suffit pour assombrir l'éclat de la lumière électrique et permettre aux torpilleurs de s'approcher tout près des cuirassés. D'où l'on tire cette conclusion, qui est admise comme règle, que les jours de brouillard une escadre cuirassée n'est pas à l'abri des attaques des terribles nains-torpilleurs, et ne doit pas jeter l'ancre.

Actuellement, à la suite des expériences faites en France, on paraît convaincu qu'un torpilleur qui s'est approché, sans être vu, jusqu'à 400 mètres d'un cuirassé, le coulera à fond, mais que s'il est lui-même aperçu plus tôt, c'est au contraire lui qui sera coulé.

Une commission, nommée par le gouvernement des Etats-Unis pour étudier cette question, est arrivée presque à la même conclusion, savoir : que les torpilleurs ont grande chance de détruire un bâtiment quelconque si celui-ci ne parvient pas à les couler en deux minutes — seul temps laissé au cuirassé attaqué pour atteindre son adversaire avec ses canons à tir rapide. Aussi ces lourds bâtiments, malgré leurs projecteurs électriques, leurs lanternes de combat et leur artillerie perfectionnée, sont-ils d'autant moins utiles que, dans chaque pays, l'effectif des torpilleurs est de 3 à 7 fois supérieur à celui des cuirassés ; — outre que la perte d'un grand nombre des premiers ne peut être mise en comparaison avec celle d'un cuirassé, dont l'équipage est trente ou quarante fois plus nombreux et la valeur autant de fois plus grande.

On objecte, il est vrai, que, par suite de leurs faibles dimensions et de leur insuffisant approvisionnement en combustible, les torpilleurs ne peuvent aller chercher les cuirassés en haute mer. Mais cette difficulté, à son tour, a été écartée par la construction de bâtiments spéciaux qui servent à transporter ces torpilleurs. En outre, on exige de ceux que l'on construit actuellement qu'ils soient capables de naviguer librement à la mer, par tous les temps, qu'ils puissent déployer une grande vitesse et se suffire pendant longtemps avec leur approvisionnement de combustible. Pas un pays n'en ajoute plus à sa flotte qui n'aient au moins 100 pieds de long ; on n'en construit même que de dimensions plus considérables.

Il pourrait très bien arriver que la guerre future fît apparaître des engins complètement inconnus et inattendus jusqu'à présent. L'*Année militaire* de 1891 annonçait que le gouvernement anglais avait acheté 2,750,000 francs, à l'inventeur Brennan, le droit d'utiliser son système de torpilles. C'est un prix trop sérieux pour ne concerner que quelques perfectionnements sans importance.

En tout cas, on peut prévoir l'adoption, dans un temps prochain, de navires sous-marins destinés à porter, au-dessous même des cuirassés, des torpilles d'une telle puissance, que les coques en aluminium elles-mêmes n'y résisteront pas ; de sorte qu'on pourra faire ainsi sauter en l'air des bâtiments entiers.

Les torpilles lancées au moyen de tubes et les automobiles ont cet inconvénient que leur probabilité d'atteindre le but dépend des courants maritimes et du mouvement des navires. D'autre part, avec les torpilles portées, celui qui donne le coup lui-même court un certain risque. Pour éviter cela, on construit maintenant des torpilleurs qui peuvent se maintenir sous l'eau pendant longtemps et qui sont, en outre, de dimensions si petites, que de grands bâtiments peuvent les charger tout entiers sur leur pont. Les résultats obtenus sous ce rapport sont déjà remarquables. Selon plusieurs écrivains, on pourrait dès maintenant considérer les milliards absorbés par la construction des colosses d'acier cuirassés comme dépensés en pure perte.

Mais une autre question, non moins grave, se présente si l'on veut se rendre compte des services que pourront rendre les flottes, celle notamment de savoir s'il sera possible d'approvisionner les vaisseaux de guerre en charbon au cours même d'une campagne. Avec les dimensions et les vitesses actuelles, il est tout naturel que les bâtiments consomment, pour naviguer, une grande quantité de combustible et que, par suite de la difficulté de leur en fournir pendant la guerre, ils ne soient pas en état de tenir longtemps la mer.

Opérations des flottes et des bâtiments isolés. Après avoir fait comprendre au lecteur combien sera grande la différence, au point de vue des moyens employés, entre les luttes maritimes de l'avenir et celles du passé, nous essayerons d'étudier, d'après la même méthode, le mode d'emploi de ces moyens.

A proprement parler, la guerre navale comprend : des opérations effectuées sur les côtes, d'autres qui sont dirigées contre les ports et les navires de commerce, puis des combats entre deux bâtiments isolés, deux escadres ou deux flottes.

Opérations côtières des flottes. Avec la longue portée des canons actuels et la puissance de leur projectiles, les opérations côtières des flottes peuvent menacer les villes maritimes d'une destruction dont il leur faudra longtemps pour se relever.

Autrefois les mortiers lisses de 32 centimètres, dont les bombes pesaient 72 kilogrammes, avaient une portée maximum de 2,300 mètres; aujourd'hui les canons rayés de 32 centimètres du système Canet envoient à 21 kilomètres des projectiles du poids de 448 kilogrammes, qui contiennent 250 kilogrammes de substances explosives. Le bombardement des villes est donc possible aux distances les plus éloignées.

Il faut observer en outre que, comme le montre la pratique des manœuvres, on n'admet plus maintenant le principe d'après lequel les villes non fortifiées ne doivent pas être bombardées, surtout quand elles n'offrent pas de résistance : dans la guerre future, personne ne peut compter être épargné.

La preuve en est d'ailleurs dans l'exemple suivant. Voici la lettre que le commandant du *Collingwood* adressait, le 24 août 1889, au bourgmestre de la ville de Peterside : « Par ordre du vice-amiral commandant la 2ᵉ division de l'escadre, je dois imposer à votre ville une contribution de 150,000 livres sterling. Je vous prie de donner au porteur toute garantie de l'exécution immédiate de cette prescription. Tout en regrettant la nécessité d'avoir à exiger une aussi forte somme de la population pacifique et laborieuse de cette ville, je ne puis toutefois procéder autrement en présence de l'énorme contribution levée par vos bâtiments de guerre sur le port florissant de Belfast. Je dois ajouter que, dans le cas où les officiers envoyés ne seraient pas de retour dans les deux heures, la ville sera brûlée, ses navires coulés, ses usines détruites. Votre bien dévoué, R. G. Harris, capitaine. »

Cette lettre fut, à l'époque, reproduite par presque tous les journaux et ne donna lieu à aucune protestation. Une question ayant été posée à cette occasion à la Chambre des communes, le premier lord de l'Amirauté y fit une réponse approbative. On voit donc que dorénavant, en Angleterre aussi, on ne reculera pas devant des opérations de ce genre; et comme cette puissance fait autorité en matière de questions maritimes, les autres n'auront qu'à l'imiter.

On comprend que, pour éviter les dangers sérieux susindiqués, tous les pays se soient préoccupés de mettre leurs côtes en état de défense, en y construisant des ouvrages fortifiés et en établissant des chemins de fer pour transporter les canons d'un point à un autre, suivant les besoins de la défense.

Mais, malgré les appareils ingénieux imaginés pour apprécier les distances, on doit reconnaître que, contre des points mouvants et à peine visibles comme les navires, — surtout les nouveaux monitors et vaisseaux à tourelles, — le tir des batteries de côté n'aboutirait qu'à un gaspillage inutile de poudre et de projectiles. Un vapeur, se mouvant seulement à la vitesse de 20 kilomètres à l'heure, parcourt, en effet, 116 mètres en 30 secondes, — tandis qu'il faut environ 5 minutes pour tirer un coup de canon de côte, même monté sur un affût à éclipse et d'une installation parfaitement régulière. Tout ce qu'on peut faire avec des canonniers très bien instruits, c'est de réduire ce temps à 2 ou 3 minutes.

Cependant, lors du bombardement d'espaces d'une grande étendue comme les villes et les ports de la côte, il sera bien rare qu'un seul projectile manque son but; et, comme ces projectiles sont remplis de substances explosives, leurs effets destructeurs s'étendront à de grandes distances.

Quant au blocus des ports, il aura, dans la guerre future, une énorme importance : chacun des deux partis devant évidemment essayer de couper les communications par mer de son adversaire et de causer à son commerce maritime le plus de mal possible, en même temps qu'il s'efforcera de protéger le sien propre de son mieux, en tenant les navires ennemis bloqués dans leurs ports et rades.

Toute l'histoire nous apprend qu'aux époques où les navires n'avaient encore d'autre moteur que le vent, des bâtiments isolés et même des escadres entières réussissaient parfois à forcer un blocus et à gagner la haute mer en passant inaperçus à côté des escadres ennemies.

Or, aujourd'hui que la défense dispose, outre les batteries et les torpilles de fond mouillées le long de la côte, de torpilleurs et de torpilles mobiles qu'on peut diriger de la terre même, il sera impossible à l'escadre de blocus de se maintenir à proximité du rivage. Et du moment où elle devra s'en tenir à une certaine distance, pas une puissance, étant donnée la vitesse de marche des navires actuels, ne sera capable de fermer, à coup sûr, les ports d'un pays ennemi; de sorte que les croiseurs de celui-ci pourront toujours se montrer sur les mers et entraver le commerce maritime même de la puissance la plus redoutable par les flottes.

Combats entre les navires isolés, les escadres et les flottes.

A la suite de ces observations, nous allons donner une esquisse des *Combats entre les bâtiments isolés, les escadres et les flottes*. Comme jusqu'ici l'expérience de la grande guerre maritime manque à l'emploi de tous les moyens techniques modernes, les opinions des spécialistes sur ce sujet diffèrent tellement qu'il est encore plus difficile de se faire une idée de la marche d'une campagne maritime que de celle d'une guerre en terre ferme. Et c'est chose bien naturelle.

Contrairement à ce qui se produit dans cette dernière, rien ne limite le champ d'une bataille navale et les deux adversaires ont toute liberté du choix de leurs mouvements. Les forces combattantes ne sont plus représentées ici par des masses d'hommes, mais par un petit nombre de forteresses flottantes, renfermant en elles-mêmes des machines de toute sorte et armées d'une force monstrueuse en canons et en torpilles, puis par des croiseurs que la vitesse de leur marche permet de comparer au géant de la légende qui marchait avec des bottes de 7 lieues, et enfin par des torpilleurs dont chacun est capable de faire sauter un vaisseau.

En pleine mer, tout dépend de la volonté de celui qui dispose de la plus grande vitesse. Au cours d'un combat naval, le commandant en chef se trouve aussi dans d'autres conditions que celui qui dirige une bataille en terre ferme. A la mer, le commandant est le premier au feu, il est au centre même de la lutte et le principal objectif de l'ennemi ; ses décisions doivent être immédiates et sortir entièrement de son initiative personnelle.

Depuis l'introduction de la vapeur, les règles de la tactique et de la stratégie navale ont presque perdu toute importance, au sens propre du mot. Mais, avec la vitesse de marche des navires actuels, avec la disposition particulière de leurs canons, avec la protection que leur assure la cuirasse et la vulnérabilité de leurs parties non couvertes, avec, enfin, le danger qu'ils courent d'être coulés à fond par une torpille habilement lancée ou même par un seul coup d'éperon, c'est devenu chose des plus difficiles d'avoir un plan arrêté d'avance ; il faut agir suivant les circonstances du moment.

D'après la plupart des spécialistes, les navires qui prendront part à une grande bataille, en sortiront tellement avariés qu'on ne pourra plus compter sur eux pour le reste de la campagne.

Mais d'autres répondent qu'il y a toujours eu des guerres, et qu'à chaque époque on a su trouver moyen de surmonter les difficultés provenant d'un changement dans le modèle des navires et de modifications de leur armement.

Voilà pourquoi il est indispensable de jeter un coup d'œil sur les résultats des batailles navales les plus anciennes comme les plus récentes, et montrer que ce qui s'est dit, par exemple, de la guerre maritime au commencement et au milieu du siècle actuel, est presque la même chose que ce qu'on en disait au temps des navires à rames. **Résultats des batailles navales.**

En réalité, jusqu'à la première moitié de ce siècle, les effets des batteries de côte sur les navires et de la lutte d'artillerie qu'ils se livraient entre eux n'étaient pas particulièrement terribles. Les boulets

***

pleins lancés par les canons lisses ne portaient pas loin, n'atteignaient pas souvent leur but, et la plupart des trous qu'ils faisaient se bouchaient facilement avec les moyens qu'on avait sous la main — quelques morceaux de bois et de toile. Beaucoup plus dangereux étaient déjà les boulets rouges qui atteignaient le bordage, mais on avait aussi des moyens d'éteindre les commencements d'incendie qui venaient à se déclarer.

L'adoption des canons rayés, et surtout des obus remplis de substances explosives, changea complètement les conditions du combat. Les dégâts que peut faire un seul de ces obus frappant au point voulu sont tellement graves, qu'en comparaison l'effet des boulets rouges eux-mêmes ne semble plus être qu'un jeu d'enfants. — Les nouveaux projectiles explosifs ne se bornent pas comme ceux d'autrefois à produire une ouverture un peu plus grande seulement que leur diamètre; ils font sauter des portions entières du navire, en détruisant tout ce qui se trouve aux environs de leur point d'éclatement. Il a fallu non seulement protéger la coque des bâtiments, mais « donner à tous les cuirassés un pont blindé d'une épaisseur suffisante pour arrêter les projectiles qui l'atteignent sous de grands angles. Toute la protection donnée aux navires, par la ceinture cuirassée qui les entoure, est inutile et vaine, si un seul projectile traversant le pont en bois suffit à mettre un bâtiment hors de combat par suite des avaries qu'il cause, par exemple, à ses chaudières. Pour ne pas s'exposer à de tels accidents, pour ne pas risquer de voir les millions, consacrés à la construction d'un cuirassé, anéantis par la chute d'un seul projectile, il faut absolument recouvrir le pont du bâtiment d'une cuirasse suffisamment épaisse. Toutefois, même quand le cuirassé aura ce complément de protection nécessaire, il n'y restera pas moins des œuvres vives exposées sans protection à l'effet des projectiles. Par conséquent, le navire le plus puissant, recouvert de la cuirasse la plus épaisse et la mieux disposée, peut toujours être attaqué avec succès par une artillerie relativement faible; il suffira d'un seul obus traversant sa cuirasse, pour lui causer les plus graves avaries. »

Sur un bâtiment de guerre actuel se trouvent « des machines motrices, des machines dynamo-électriques, d'autres pour épuiser l'eau, pour manœuvrer le gouvernail et les cabestans, pour ventiler le navire, pour enlever les détritus, pour comprimer l'air. Chaque canon, chaque chaloupe à vapeur représente autant de mécanismes distincts très complexes, et c'est encore avec des machines qu'on manœuvre ces canons, qu'on soulève et qu'on met à l'eau ces chaloupes, etc. Ajoutez une dizaine de kilomètres de fils conducteurs électriques et une foule de dispositifs de toute sorte réunis dans les chambres des machines, où les hommes, éclairés artificiellement et plongés dans l'air comprimé, isolés entre eux et séparés de ceux qui les commandent, n'en doivent pas moins, avec une parfaite connaissance professionnelle, exécuter immédiatement et sans perdre leur sang-froid les ordres qu'ils reçoivent télégraphiquement d'un chef invisible... Voilà ce que c'est qu'une unité de combat moderne ! »

Pour donner une idée du rôle que jouent les machines dans les nouveaux navires, voici une comparaison faite par le contre-amiral Makaroff, entre une ancienne frégate en bois et un croiseur actuel, le *Rurick*.

Rôle que jouent les machines dans les nouveaux navires.

« Les machines et les chaudières du *Rurick* occupent une longueur de 192 pieds dans la partie la plus large du bâtiment. Or, on se rendra compte de l'espace représenté par 192 pieds, dans un navire comme le *Rurick*, en sachant que, si l'on enlevait ces machines et les soutes à charbon pour mettre de l'eau à la place, on obtiendrait un bassin dans lequel pourrait s'établir et jeter l'ancre une frégate entière d'autrefois avec son équipage et ses canons. Il resterait même encore autour de ladite frégate un espace assez large pour en faire le tour en chaloupe.

« Dans ces 192 pieds occupés par les machines, tout est resserré jusqu'à l'impossible. Les locaux sont remplis au point qu'en se détournant de la bielle d'une machine on rencontre immédiatement la manivelle d'une autre, et que le mécanicien, qui veut toucher telle crapaudine pour s'assurer qu'elle ne s'échauffe pas, a besoin de la dextérité d'un acrobate; de même qu'au chauffeur pour obliger, par le tirage forcé, la chaudière à produire deux fois plus de vapeur que la quantité correspondant à ses dimensions, il ne faut pas moins d'énergie et d'endurance qu'à Satan lui-même. »

Avec la complication du mécanisme, s'est augmentée la somme de connaissances qu'on doit exiger de ceux qui le manient. Aux temps anciens, quand le seul moteur des navires était le vent, le résultat du combat dépendait pour beaucoup de la façon dont on savait louvoyer de côté ou d'autre et régler ses voiles; puis, en fin de compte, la lutte se décidait par un abordage, comme sur terre par une attaque à la baïonnette. — Le moteur à vapeur a complètement modifié ces conditions.

C'est la vapeur seule qui maintenant règle la marche du combat, quelle que soit la direction du vent; et ce qui décide de l'issue de la lutte, ce sont les torpilles, l'artillerie ou l'éperon. En outre, une flotte à voiles ne pouvait dissimuler à l'ennemi la manœuvre qu'elle voulait entreprendre, tandis qu'avec la vapeur on peut cacher cette manœuvre jusqu'au dernier moment. « De sorte que l'importance du commandement et de la décision dans les actes a beaucoup augmenté. Grâce à la vapeur, le caractère national a pris une place bien plus grande qu'autrefois dans les opérations militaires d'une flotte et, en même temps qu'a diminué l'effectif des équipages, il est devenu moins nécessaire de les composer d'hommes élevés dans la marine même. (Cette diminution de l'effectif atteint jusqu'à 60 0/0 sur les grands bâtiments.) »

Ces dernières circonstances ont une importance essentielle au point de vue de l'étendue comparative d'une flotte avec le chiffre de la population apte au service maritime; et elles donnent confiance aux marins insuffisamment habitués à la mer, parce qu'ils sont convaincus qu'avec de la bonne volonté et quelque intelligence, ils pourront toujours rendre des services.

L'écrivain allemand Henning observe avec raison : « Quant à la technique militaire proprement dite des équipages, elle peut fournir partout — en Angleterre, en France, en Allemagne, en Russie, en Italie — des résultats absolument semblables; toute la question est dans le développement intellectuel et l'énergie, tant du commandant que de ses hommes, puis dans l'heureuse utilisation des facteurs techniques. Il va de soi, néanmoins, qu'il y a tout avantage à commander un équipage composé de marins de profession; mais, dans un combat, cet avantage peut être compensé par les qualités militaires du personnel. »

En somme, dans la guerre navale comme dans la guerre sur terre, la principale condition du succès est la supériorité des forces au moment décisif. Pour atteindre ce but, il faut avant tout de la vitesse, de la mobilité; car une flotte, dont les éléments sont très mobiles, peut, suivant les besoins, tantôt diviser, tantôt concentrer ses forces, augmenter ou diminuer le nombre de ses points d'attaque, choisir à volonté ses distances de combat, et les changer si elle le juge convenable, au cours même d'un engagement.

Le plus faible des deux adversaires devra chercher son salut dans la fuite. Si la proximité d'un port ou la nuit ne lui permettent pas de se dérober, il peut encore, à défaut d'autre circonstance heureuse, être sauvé par la supériorité de sa vitesse.

Tout cela nous a conduit à cette conclusion, que c'est seulement des guerres les plus récentes, — où l'on avait déjà des cuirassés, des torpilleurs et même quelques canons à tir rapide, — qu'il est possible de déduire quelques indications précises ; mais que, pourtant, en raison des conditions exceptionnelles dans lesquelles ces guerres avaient eu lieu, il était difficile d'en tirer un enseignement pour l'avenir. Résumant les observations auxquelles pouvaient donner lieu la bataille de Lissa ou les rencontres survenues au cours des campagnes de 1870 et 1877, l'expédition du Tonkin en 1885, les opérations navales exécutées au Chili en 1891, la guerre du Japon contre la Chine, et enfin la guerre hispano-américaine — nous sommes arrivé à conclure que les flottes européennes, tant en raison de leur perfection technique que de leur commandement mieux organisé et de la meilleure instruction de leurs équipages, deviennent de plus en plus puissantes ; de sorte que, si l'on veut appliquer aux campagnes maritimes futures les indications fournies par les guerres précitées, il faut les compléter en tenant compte, non seulement des perfectionnements réalisés, mais de ceux qu'on se propose d'apporter encore aux canons et aux navires.

Et voici qu'en nous appuyant sur ces données et sur l'opinion d'autorités éminentes comme Withe, Brassey, Bensford, Werner, Réveillère, nous devons admettre comme extrêmement probable qu'un combat livré, avec les moyens actuels d'action, entre des flottes égales comme vitesse et comme armement de leurs bâtiments, aura très promptement pour résultat la destruction, par les projectiles et l'incendie, du pont supérieur des navires, — c'est-à-dire de l'endroit même où sont réunis les principaux éléments du commandement et de la direction, — la plus grande partie du personnel étant tuée en même temps, y compris tous les officiers qui seront venus successivement prendre la place du commandant.

En un mot, dès les premiers combats, beaucoup des vaisseaux succomberont et les autres devront aller se réparer dans les ports. Celui-là donc sera le plus fort à la guerre, qui possède le plus d'arsenaux et de réserves toutes prêtes en hommes, en matériel et en charbon sur des points choisis *ad hoc* dès le temps de paix, avec, en outre, une flotte de réserve composée de navires, peut-être d'ancien modèle, mais pourvus, tout au moins, d'une artillerie moderne. En utilisant cette flotte de réserve, on pourra continuer de porter des coups à l'ennemi, quand les escadres de première ligne seront obligées d'abandonner la mer par suite des avaries qu'elles auront éprouvées.

Les batailles navales de l'avenir différeront encore, selon toute vraisemblance, de celles du passé même le plus récent, par ceci : que les adversaires opposés seront, non pas des bâtiments isolés, mais des escadres entières composées d'une façon analogue aux armées de terre, c'est-à-dire ayant leur cavalerie, leur artillerie et leur infanterie représentées respectivement par les croiseurs rapides, les cuirassés, les torpilleurs et les contre-torpilleurs. En outre, le hasard jouera dans les guerres navales un si grand rôle, que les batailles ressembleront presque à des parties ayant pour enjeux des bâtiments qui valent des millions, et les milliers d'existences humaines dont le sort est indissolublement lié au leur.

Ce n'est pas s'amuser à des hypothèses fantastiques que de tirer, de tout cela, des conclusions sur le caractère probable des combats navals futurs. C'est chose au contraire parfaitement pratique, puisque ces conclusions doivent servir d'avertissement utile.

On imagine et on accumule sans relâche des engins de plus en plus puissants, et les flottes s'accroissent au point de constituer une agglomération monstrueuse qu'on finira par ne plus pouvoir songer à mettre en action. Que représentera une bataille navale dans ces conditions nouvelles? Des navires qui seront autant de forteresses rangées les unes à côté des autres et se bombardant mutuellement, chacune d'elles ayant d'ailleurs la possibilité de faire à tout instant sauter l'autre, au moyen d'une torpille,

Quelques conclusions sur les batailles futures. Dans un ouvrage destiné aux non-spécialistes, nous devions, on le conçoit, nous borner à signaler ce fait, que l'énormité même des forces amenées au combat rendra leur mise en œuvre difficile, sinon parfois tout à fait impossible, vu la difficulté de conserver l'ordre de bataille et de diriger les escadres pendant le combat, et celle d'assurer le commandement des navires par suite de la probabilité de la mise hors de combat de leurs commandements et de leurs équipages, — ces résultats provenant de ce que chaque cuirassé ou croiseur peut lancer, en une minute, une masse de projectiles d'une telle puissance que leur effet total doit être évalué au chiffre de 400,000 pieds-tonnes. En outre, on se servira de torpilles chargées d'une telle quantité de substances explosives que chacune d'elles, si seulement elle éclate dans l'eau à moins de 60 pieds d'un bâtiment, suffira pour le couler.

On doit encore ajouter que, *d'après l'expérience acquise aux manœuvres*, sur mer, il n'est pas toujours possible, même dans les exercices du temps de paix, de distinguer l'adversaire du camarade, et

qu'il faudra manœuvrer, au cours du combat, en pleine action des torpilleurs et contre-torpilleurs amis et ennemis courant à des vitesses
de 30 nœuds, soit près de 50 kilomètres à l'heure, — c'est-à-dire
qu'on sera toujours sous l'influence d'un élément qui ne peut manquer
d'inspirer une crainte susceptible de paralyser toute action.

Il ne faut donc pas s'étonner si, quand il s'agit de la guerre navale,
les spécialistes sont encore moins en état que pour les opérations exécutées à terre de prévoir exactement comment s'engageront et se dérou-
leront les luttes futures.

Les manœuvres peuvent encore moins nous renseigner sur la
marche d'un combat naval que sur celle d'une bataille en terre ferme.
Nous donnons ici les observations du général anglais sir Andrew Clarke,
relativement à des exercices qui, d'après lui, sont exécutés surtout
pour le coup d'œil. Il s'agit de ceux concernant l'attaque et la défense
des côtes. « Les manœuvres absurdes de ce genre, dit-il, ne sont
bonnes qu'à augmenter encore la confusion, déjà très grande, des idées
et à causer des catastrophes dans l'avenir. Ainsi, par exemple, on va
bombarder, des quatre heures durant, tel navire qui ne supporterait
pas vingt minutes le seul feu des batteries de côte. On laisse des hommes,
dont le bâtiment est supposé coulé à fond, s'installer dans des chaloupes sous le feu qui devrait les anéantir, et on leur permet de s'approcher du rivage et de prendre position devant des fortifications qu'il
est impossible d'enlever d'assaut. On envoie d'autres détachements se
jeter sur le glacis d'ouvrages fortifiés dont on ne peut se rendre maître
de vive force. Tout cela n'est pas risible : c'est la négligence complète
de toute préparation sérieuse à la guerre ; c'est la diffusion d'erreurs
qui, répandues parmi les personnes les moins capables de se faire une
opinion par elles-mêmes sur la défense des côtes, pourraient amener,
comme on l'a déjà vu dans le passé, des paniques honteuses et un abus
criminel des forces nationales. »

L'auteur d'une étude allemande, intitulée : *La stratégie navale
d'après des sources étrangères,* se demande, non sans raison, si, quand
des canons tireront avec des charges de 500 kilogrammes de poudre,
les hommes pourront supporter la pression des gaz lancés dans leur
direction à des distances de 50 à 300 mètres, sans éprouver un déchi-
rement du tympan ou quelque autre accident du même genre ; si même
ces hommes ne seront pas tout simplement projetés hors du navire par
la violence de ces gaz ? Qui peut dire si les pointeurs et les tireurs en
général seront capables de découvrir un but quelconque pour leurs

canons, au milieu des nuages de fumée de la poudre, et de celle des cheminées du navire, qui forment habituellement sur l'eau une couche d'épais brouillard ?

Tout ce que ne couvrira pas une cuirasse épaisse sera balayé du pont par les coups du tir rapide ; et quant aux êtres humains protégés par le fer, il reste à se demander si les hommes installés dans les tourelles cuirassées supporteront les secousses imprimées à ces tourelles par les chocs des projectiles, — comme aussi quelles destructions produiront dans les profondeurs des bâtiments ceux de ces projectiles qui viendront à y pénétrer en traversant la cuirasse, et dont l'explosion peut si facilement mettre le feu aux ponts, mâts, passerelles, chaloupes et autres parties combustibles du navire.

Les alentours du point d'explosion d'un obus seront exposés à une destruction complète. Des milliers d'éclats de fer voleront de tous côtés avec une vitesse énorme, traversant les ponts et les cloisons. Quand l'éclatement aura lieu en un point recouvert par un blindage, celui-ci sera percé sur une grande étendue, et ses débris se transformeront eux-mêmes en éclats qui détruiront tout ce qui se trouvera dans leur voisinage, à l'intérieur du bâtiment. Celui-ci fera l'effet d'une cible de dimensions énormes, dans laquelle de puissants projectiles explosifs pratiqueront, en quelques minutes de combat, une brèche par où pourront facilement pénétrer les débris des constructions supérieures écroulées déjà sur le pont principal. L'alarme sera partout, les communications seront interrompues entre la passerelle où se tient le capitaine et les parties intérieures du navire ; tandis que les hommes qui se trouveront sur le pont et dans les batteries seront probablement tous tués ; — au point que cette machine de guerre, si superbe et si coûteuse, sur laquelle on fondait tant d'espérances, se transformera en une sorte de radeau, écrasé de décombres et tout au plus capable d'aller chercher refuge dans un port.

Quelques projectiles atteignant un cuirassé mettront tout de suite une partie de ses canons hors de combat et entraveront le service des plus gros d'entre eux, placés dans les tourelles, parce que la rotation de ces tourelles sera empêchée par les morceaux de fer arrachés du bâtiment et tombés sur elles, — détruiront ou endommageront les appareils qui font mouvoir le gouvernail, et enfin perceront les cheminées. Si l'obus, qui aura pénétré dans le navire, contient une forte charge, son explosion causera d'énormes dégâts. Si, par exemple, un projectile renfermant une dizaine de kilogrammes de mélinite tombe entre les deux ponts d'un cuirassé, son éclatement faussera ou brisera les poutres les plus voisines qui supportent le pont; il déchirera les plaques de fer, percera le pont lui-même, coupera les fils des circuits électriques, endommagera les cheminées et les chaudières, en un mot détruira toutes les œuvres vives du navire sur une étendue de quelques mètres autour de son point d'éclatement; et, en outre, il remplira tout l'espace intérieur où il aura éclaté d'une fumée suffocante qui empêchera d'y pénétrer avant un bon quart d'heure, si renforcée que soit la ventilation.

Dans toute une série de conclusions et d'observations, nous avons montré combien était douteuse aujourd'hui l'hypothèse qu'une nation pût acquérir sur une autre une supériorité notable au point de vue des qualités des navires et de leur armement. Partout s'adoptent les perfectionnements les plus récents et, dans l'état actuel de la technique, chaque innovation est promptement appliquée par les puissances.

Le nombre des navires de types vieillis est grand, mais ces bâtiments moins propres à la guerre sont répartis assez uniformément entre les divers pays. Le sort des combats futurs dépendra donc surtout de faits accidentels qu'il est impossible de prévoir, et, en définitive, seulement de la supériorité de forces réalisée à un moment donné sur un point déterminé.

Mais, sous ce rapport, en suivant les modifications qui se sont produitesdepuis 18 83, nous sommes arrivé à conclure que les forces relatives des flottes s'étaient très peu modifiées. Par conséquent, il nous semble que la comparaison faite par l'amiral Werner est très juste : « Nous pouvons, dit-il, nous représenter un combat naval, si les deux adversaires sont résolus et énergiques, comme celui de deux cerfs qui, dans l'excitation du rut, se jettent aveuglément l'un sur l'autre, s'attaquent mutuellement par les cornes et finalement se détruisent. Ou bien, si les deux combattants sont de caractère moins résolu, le combat naval se présente dans la forme d'une lutte athlétique dans laquelle les deux champions avançant et reculant sur une ligne immense se canonnent réciproquement à grande distance, jusqu'à ce que ni l'un ni l'autre n'aient plus assez de munitions pour frapper un coup décisif. »

Les croiseurs de guerre et les torpilleurs sont chargés d'un rôle non moins cruel que celui rempli au moyen âge par les corsaires et les pirates : c'est de faire la chasse aux bâtiments de commerce, de les attaquer de nuit, et de les couler même avec leur cargaison, leur

La guerre
de course.

équipage et leurs passagers, à quelque nation qu'ils appartiennent, uniquement en vue d'interrompre les communications maritimes de l'ennemi et de paralyser son commerce. Voici, par exemple, ce que nous trouvons à ce sujet dans un ouvrage intitulé : *Les guerres navales de demain* : « La guerre industrielle a ses règles précises, constantes et absolues : attaquer le plus faible sans merci, s'enfuir sans fausse honte devant le plus fort. Nos torpilleurs ou nos croiseurs, sitôt qu'ils apercevront de loin une escadre ou seulement quelque navire ennemi, même d'une force non supérieure à la leur, mais capable de leur opposer quelque résistance, seront obligés de se cacher immédiatement. »

La conviction est devenue générale que la guerre maritime sera une guerre industrielle, une guerre impitoyable de croiseurs et de course, en dépit de tous les traités ou conventions qu'on aura pu faire. C'est ce que nous avons montré dans le chapitre intitulé : *Le droit maritime et la course*, où nous avons rapporté, sur ce sujet, les opinions des personnes compétentes.

Nous reproduirons encore ici quelques citations.

Dans un article signé « Un officier de marine en retraite », publié par la *Nouvelle Revue*, est formulée l'hypothèse suivante : « Un torpilleur a aperçu un bâtiment de commerce chargé d'une cargaison plus riche que n'en portaient jadis les galères espagnoles. L'équipage et les passagers se montent à quelques centaines de personnes. Le torpilleur doit-il, par un signal, faire connaître sa présence au capitaine de ce navire et le prévenir qu'il n'attend que le moment de le couler ? Mais alors le capitaine lui répondrait par des obus qui couleraient le torpilleur et son héroïque commandant, pendant que le navire continuerait sa route. Le torpilleur aura donc dû suivre de loin ; puis, la nuit, il s'approchera et coulera le bâtiment richement chargé, avec son équipage et ses passagers ; après quoi, le commandant de ce torpilleur se mettra à la recherche d'autres navires. Et tous les points de l'Océan seront témoins d'actes de barbarie semblables,.. Ce qui soulèvera les protestations de bien des gens... Mais quant à nous, nous saluons au contraire, dans ces croiseurs, les représentants les plus élevés de la loi du progrès auquel nous croyons, et qui amènera enfin la destruction de la guerre elle-même. »

Pareille façon d'opérer ne se distinguerait en rien du brigandage maritime ; et naturellement, en présence de tels exploits accomplis par des croiseurs ou des torpilleurs, personne ne s'étonnerait plus de la cruauté des corsaires privés. Ce serait un retour direct aux mœurs des temps barbares.

En réalité, dans notre civilisé XIXe siècle, tous les gouvernements sont encore prêts à armer des bâtiments particuliers pour la guerre de course. La question de savoir s'ils en trouveraient les moyens a été résolue affirmativement par la guerre civile de l'Amérique du Nord, comme aussi par celles de 1870 et 1877. Ces guerres ont prouvé que les puissances maritimes ont assez de croiseurs — sans parler des vapeurs particuliers nolisés, qu'en cas de besoin elles transformeront dès le début des hostilités en navires de combat, — pour détruire ou capturer tous les bâtiments de commerce qui se hasarderaient à prendre la mer.

Ce dont rien ne pourrait les empêcher, comme nous l'avons expliqué en nous appuyant sur l'opinion des spécialistes. Car, organiser un blocus assez solide et serré des ports ennemis pour que pas un croiseur n'en puisse sortir, c'est chose à quoi il ne faut pas songer. Et ce serait d'ailleurs bien inutile ; attendu que les belligérants feront prendre d'avance la mer à leurs navires, pour que l'ennemi ne puisse pas les enfermer dans les ports. A quoi il faut ajouter que les puissances maritimes entretiennent toujours, dès le temps de paix, quelques grands croiseurs sur les océans, comme s'ils se défiaient des mers intérieures, dont les issues pourraient être fermées par les flottes ennemies.

Quant à envoyer des escadres à la recherche et à la poursuite des croiseurs de son adversaire, ce serait se lancer dans une entreprise tellement longue que, bien avant de s'être débarrassé de ces navires par un tel moyen, on en serait réduit à cesser la guerre par suite des troubles intérieurs qu'elle aurait fait naître.

Et si l'on s'avisait de faire voyager les vapeurs de commerce réunis en groupes, sous la protection de bâtiments de guerre convoyeurs, il arriverait très probablement que les sociétés d'assurances, pour éviter de trop grands risques, cesseraient de garantir les navires et le fret maritime. D'autant qu'enfin, s'ils s'exposaient ainsi constamment au risque d'une bataille, les navires marchands ne pourraient plus guère recruter leurs équipages que parmi quelques rares chercheurs d'aventures.

Quant à protéger les routes suivies par les navires de commerce, au moyen d'escadres appuyées sur certains points stratégiques et croisant sans cesse sur certaines lignes déterminées, c'est une tâche inexécutable en raison du nombre des bâtiments de guerre qu'elle exigerait.

Ainsi l'on a calculé que, pour couvrir de cette façon la navigation de son énorme flotte de commerce, ne fût-ce que sur les routes principales qui sillonnent les mers du globe, il faudrait à l'Angleterre 556 croiseurs. Et après avoir entendu l'amiral anglais Grey déclarer que la flotte britannique n'est pas en état de protéger par un tel moyen ses navires de commerce en cas de guerre, il est inutile de parler de la situation des autres pays au même point de vue.

Enfin, si même on admettait la possibilité de défendre, par ce procédé ou par un autre, le commerce maritime pendant les hostilités, il en coûterait, en tous cas, des sommes énormes, et il en résulterait un tel renchérissement des cargaisons et des produits de première nécessité, que ceux-ci deviendraient inabordables à la masse de la population.

Si d'ailleurs les manœuvres peuvent donner une image quelque peu exacte des opérations que comportera la guerre navale future, c'est précisément dans les cas où s'y exécutent seulement des mouvements de navires, sans exercices de combat. Or, en 1888, sur quatre escadres ayant pris part aux manœuvres anglaises, deux représentaient la flotte nationale et les deux autres une flotte ennemie. La base d'opérations de ces dernières était l'Irlande; pour les premières, c'était l'Angleterre et l'Écosse. Leurs rapports numériques étaient comme 2 est à 3, c'est-à-dire comme la flotte française est à la flotte britannique. L'Irlande, d'autre part, représentait la France, et, d'une façon générale, le plan se rapprochait d'une assez vraisemblable réalité. Les bâtiments « ennemis » furent bloqués par les « anglais » dans les ports de l'Irlande pendant quelques semaines, afin : 1° de mettre à l'épreuve le « matériel » et les équipages, et 2° de se rapprocher de la réalité. C'est ainsi que commencèrent les opérations.

Eh bien, l'amiral « ennemi » Fryon força le blocus en évitant un combat, c'est-à-dire une rencontre avec les vaisseaux « anglais » et frappa des contributions sur les grandes villes non fortifiées des côtes d'Angleterre et d'Écosse; il captura les navires de guerre et de commerce qui se trouvèrent sur sa route et, sans être dérangé le moins du monde, rentra dans les golfes mêmes de Bantry-Bay et de Long-Swilly dont sa flotte était tout d'abord sortie pour effectuer ces opérations étonnantes. Ainsi l'escadre la moins nombreuse avait eu l'avantage sur la plus forte, et l'Angleterre apprenait qu'une flotte composée de croiseurs rapides et habilement conduits pouvait la mettre à deux doigts de la ruine, sans même courir le risque d'une seule bataille.

De ce qui précède, nous avons dû conclure que les engins de la guerre navale, aussi bien que l'influence ruineuse de celle-ci sur le commerce, seront incomparablement plus puissants dans l'avenir qu'ils ne l'ont été jusqu'à présent. La guerre future entraînera aussi sur mer des conséquences économiques et politiques tout autres qu'au temps passé, — alors que chaque pays trouvait à l'intérieur de ses frontières la satisfaction de tous les besoins de l'existence. L'emploi général des projectiles chargés de substances explosives, lancés à des distances de plusieurs kilomètres, et dont un seul, tombant dans une ville ou une localité habitée quelconque, peut produire de terribles ravages ; la vitesse avec laquelle les navires peuvent maintenant se transporter d'un point à l'autre d'une côte, sans dépendre du temps ni du vent, — tout cela frappera l'esprit des populations et même excitera des troubles. Et les conséquences de ces troubles, avec les idées socialistes actuellement régnantes, pourront ne pas se borner à de simples désordres temporaires.

Chaque année, tous les pays consacrent des sommes énormes à la préparation de la guerre maritime ; mais l'art des constructions navales progresse constamment et très vite, de sorte que partout la plus grande partie des navires se trouvent vieillis et incapables de lutter avec les bâtiments des nouveaux types, et même d'agir après la destruction éventuelle de ces derniers. Et si ces vieux navires ne sont pas mis au rancart comme choses inutiles, c'est uniquement pour ne pas jeter l'inquiétude parmi les non-spécialistes, et conserver sur les listes de la flotte un nombre respectable d'unités de combat.

Il y a dix ans déjà, — lors de l'apparition de la poudre sans fumée, — qu'on pouvait prévoir plus ou moins ce qui arrive aujourd'hui. De même qu'actuellement, en voyant les vitesses acquises par les croiseurs armés de l'artillerie la plus puissante comme par les torpilleurs du modèle le plus récent, en constatant les procédés perfectionnés dont on dispose pour lancer les torpilles au moyen de l'air comprimé et en considérant les bateaux sous-marins qu'on commence à construire, il est permis d'affirmer que même les navires des plus récents modèles, si répandus qu'ils soient dans les divers pays, ne peuvent assurer l'obtention des résultats poursuivis par la guerre.

**Crédits annon-
cés pour
l'accroissement
et le per-
fectionnement
des flottes.**

Et cependant partout on réclame de nouveaux crédits pour l'accroissement et le perfectionnement des flottes ! On se demande jusqu'où ira le mécontentement des peuples quand ils sauront que les types de navires les plus récents, et les dernières inventions techniques de l'artillerie sont connus et appliqués partout, sans que les besoins cessent d'augmenter. C'est surtout en raison des éléments hostiles qui, de nos jours, se manifestent dans toutes les couches politiques et sociales, que paraît désastreuse cette rivalité de tous les pays dans le renforcement de leur flotte ; rivalité faisant que la situation relative des forces armées demeure toujours la même et qu'on aboutit seulement à consommer sans profit des ressources dont on aurait le plus impérieux besoin pour donner satisfaction aux nécessités sociales.

Le tableau suivant montre l'accroissement comparatif des dépenses consacrées à la flotte et à l'armée de terre.

	DÉPENSES EN MILLIONS DE ROUBLES	
	Pour l'armée de terre	Pour la flotte
En 1874.	615,4	158,2
— 1884.	688,1	218,6
— 1891.	885,1	247,2
— 1896.	893,6	299,6

Afin de rendre plus claire cette comparaison entre les deux sortes de forces militaires, nous avons représenté par 100 les dépenses correspondant à 1874, ce qui nous a permis d'exprimer, par rapport à elles, les augmentations ultérieures qui se trouveront ainsi représentées en pour cent :

	Force de terre	Flotte
En 1874.	100	100
— 1884.	112	138
— 1891.	144	156
— 1896.	145	189

Ce qui frappe surtout, c'est l'accroissement des dépenses navales au cours de la première des périodes examinées : alors que les crédits affectés à l'armée de terre n'augmentent que de 12 0/0, ceux absorbés par la flotte s'accroissent de 38 0/0 ; et l'on constate une augmentation presque aussi forte — 33 0/0 — sur le même chapitre, pendant la dernière période, de 1891 à 1896.

Et, avant tout, se pose ici la question suivante : A quel point ces dépenses sont-elles productives?

Pour se rendre compte de l'importance du rôle des forces navales dans une guerre européenne, il faut étudier les différentes combinaisons qui surgiront selon les théâtres de la guerre. Commençons par présenter le tableau des opérations relatives à un conflit entre la Russie et l'Allemagne, nous devons dans ce cas admettre deux hypothèses, savoir : ou bien la Russie aurait à lutter, de concert avec la France, contre la Triple-Alliance; ou bien elle aurait à soutenir une guerre contre l'Angleterre.

Différentes combinaisons du théâtre de la future guerre navale.

D'abord le trait le plus saillant de la situation, c'est l'énorme supériorité que présenteraient les forces opérant à terre et qu'aurait la guerre sur terre, relativement aux forces navales et aux opérations exécutées sur mer. Les armées mobilisées sur le continent compteraient un effectif de plusieurs millions d'hommes. Les troupes de première ligne des deux groupes alliés, — c'est-à-dire de la Double et de la Triple Alliance, — compteraient plus de 6,500,000 soldats, et celles de seconde ligne atteindraient le chiffre de plus de 6,000,000.

Quel rôle pourront jouer les flottes dans le choc entre de telles masses? La guerre de 1870 nous offre à cet égard un exemple bien édifiant. A cette époque, l'Allemagne n'avait pas de flotte qui fût en quoi que ce soit capable de se mesurer avec la flotte française. Et cependant, cette flotte française dut abandonner tous projets de débarquement sur les côtes d'Allemagne, sans même avoir essayé de les mettre à exécution.

Le général de Moltke était à l'avance si bien convaincu de l'impossibilité pour les Français d'entreprendre une diversion de ce genre que dans son plan d'opérations militaires en 1870, basé sur la supériorité numérique des forces de terre allemande, il faisait observer : « La supériorité de nos forces de terre au point où sera porté le coup décisif, sera plus considérable encore si les Français se laissent entraîner à entreprendre une expédition contre les côtes de l'Allemagne du Nord. » Ce qui prouve combien peu de cas il faisait des projets de débarquement.

Depuis cette époque, l'organisation des armées de terre des grandes puissances a fait encore de tels progrès, que si même l'eflectif entier des troupes actives et de la réserve était mis en action sur les frontières ou le territoire d'un des belligérants, il ne serait cependant pas difficile d'opposer encore des forces supérieures à une tentative de débarquement.

D'après un calcul qui résulte d'études faites en Italie sur le transport d'un corps d'armée à l'effectif de guerre et pourvu de vivres pour un mois avec les voitures d'équipages correspondant, il faut une flotte dont les bâtiments réunis aient ensemble une capacité de 116,000 tonneaux. Le professeur à l'école de guerre française, Degouy, dit que la France ne pourrait pas envoyer dans les premiers quinze ou vingt jours après l'ouverture des hostilités plus de 30,000 hommes de débarquement. Avec la longue portée des canons de côte et de campagne, comme aussi des fusils actuels, un débarquement offre d'énormes difficultés.

Il suffit d'un changement de vent, d'un grain subit venant du large, parfois en plein calme, ou d'un épais brouillard, pour interrompre l'exécution du débarquement de troupes et mettre dans une situation très critique les fractions déjà débarquées qui ne peuvent espérer de renforts, tandis que les troupes de la défense concentrent tous leurs efforts contre elles.

On parle bien, il est vrai, de la possibilité qu'ont les bâtiments de guerre de tenir la côte sous un feu assez puissant pour en écarter complètement les forces de la défense. Mais en réalité, il arrive que les vaisseaux de guerre ayant un fort tirant d'eau, et redoutant roches et bas-fonds, sont obligés de se tenir à 1,000 ou 1,500 mètres de la côte — outre que, gênés par les mouvements des transports qu'ils escortent, il leur est difficile de régler leur feu contre l'ennemi qui défend la côte. — Ce dernier, au contraire, disposant de canons à longue portée, ne se montre nullement à découvert ; il se dissimulera derrière les dunes ou les sinuosités du rivage ou s'en éloignera davantage. Le feu des navires peut être puissant, mais il est forcément disséminé et, par suite, il ne peut être assez efficace. Ainsi, par exemple, lors du bombardement du camp des insurgés en Crète, les cuirassés alliés lançaient 70 obus et les pertes causées aux insurgés par ces projectiles se réduisirent à 3 tués et 15 blessés.

Nous n'insisterons pas sur l'hypothèse d'un débarquement russe sur les côtes allemandes. Mais admettons que les Allemands aient effectué sur les côtes de la mer Baltique un débarquement de troupes — naturellement sans cavalerie. Que pourront-elles entreprendre ? On dit que les Allemands débarqueront près de Riga, afin de couper les communications des troupes russes établies en Lithuanie, en commençant par Dvinck, ou bien qu'ils débarqueront aux environs de Narva pour agir contre Saint-Pétersbourg. Mais ce ne sont guère là que des hypothèses fantaisistes.

Quel que soit son point de débarquement, un détachement ennemi s'avançant à l'intérieur du pays verra son effectif s'affaiblir constamment, attendu qu'il lui faudra détacher des forces de plus en plus considérables pour garder ses communications. Et cependant les forces de la défense iront constamment croissant. Grâce au télégraphe et aux chemins de fer, on pourra promptement amener dans la région menacée des troupes appelées des points les plus éloignés et leur arrivée ininterrompue sur le théâtre même des opérations ne pourra être empêchée par une dégradation de la voie ferrée, puisque l'assaillant n'aura pas de cavalerie.

Pourrait-on nous opposer ici l'exemple du débarquement des alliés en Crimée ? Mais von der Goltz a déjà répondu à cette objection dans son ouvrage. Il a dit à ce propos : « Si les armées qui débarquèrent en Crimée ont pu avoir raison des forces locales, la cause en fut que si difficiles que pussent être les communications des alliés avec la mer, elles se trouvèrent pourtant plus commodes encore que celles par voie de terre, dont la défense disposait alors dans son propre pays. Si la Russie avait eu en 1854 son réseau de chemin de fer actuel, les Français, les Anglais et les Turcs, qui tout d'abord étaient débarqués en Crimée au nombre de 120,000 hommes, n'y seraient pas restés longtemps. »

Les entreprises de débarquement de forces quelque peu considérables sont peu probables déjà en raison de ce seul fait que leur exécution affaiblirait l'effectif de l'armée chargée de garder la frontière où il faut s'efforcer d'avoir la supériorité des forces, ou, tout au moins, de ne pas la laisser à l'ennemi. Mais dans le cas que nous avons supposé, l'Allemagne aurait à combattre sur deux fronts différents. Et ses ennemis ne pourraient que souhaiter de lui voir commettre cette faute sur laquelle comptait de Moltke de la part de la France.

Ainsi donc, pour garder ses côtes, la Russie n'a nul besoin d'augmenter sa flotte; car un débarquement ennemi ne présenterait pour elle aucun danger, même si elle ne possédait pas la flotte dont elle dispose actuellement. Telle est l'opinion professée en Allemagne même. Témoin ces quelques paroles empruntées à un discours de l'amiral Hollmann, l'ancien ministre allemand de la marine et l'auteur du projet actuel de renforcement de la flotte germanique :

« Pour défendre nos côtes nous n'avons pas besoin de la flotte. Il y a d'autres moyens. Des forts, des défenses sous-marines de différente sorte et enfin, des troupes de réserve pour repousser les débarquements. Il va de soi que dans ces conditions l'ennemi peut causer de sérieux dommages sur divers points de la côte. Une côte sans défense peut souffrir beaucoup d'une force ennemie entièrement maîtresse de la mer. Les villes peuvent être exposées au bombardement; mais l'effet de ces bombardements ne peut s'étendre bien loin, il est limité à une étroite zone côtière de quelques kilomètres de profondeur, même en comptant jusqu'au point où s'entendra encore le bruit de la canonnade, bien que les projectiles n'y arrivent même pas? De ce bombardement peuvent souffrir sans doute les habitants de la côte, mais nullement le pays dans son ensemble. »

Et l'on ne saurait que partager la manière de voir de l'amiral Hollmann. Le bombardement d'une ville de la côte, quelle que puisse être son importance politique, industrielle ou commerciale, ne peut en effet causer que des pertes matérielles, considérables sans doute, pour les particuliers et en même temps pour le Trésor public. Mais ce n'est là qu'une conséquence ultérieure du bombardement; il n'en résulte aucune diminution des ressources immédiates dont le gouvernement dispose pour faire la guerre. Cette destruction reste par conséquent presque sans influence sur le cours des hostilités soutenues à terre ; et toutes les villes de la côte pourraient subir un bombardement sans que la marche des événements en fût modifiée. Le fait est que la guerre ne se fera plus sur le continent dans l'unique but d'infliger à l'ennemi les plus grandes pertes possibles, afin de pouvoir ensuite entamer les négociations de paix en établissant, comme base de la discussion, quel est celui des deux adversaires qui a subi les plus graves.

Dans la guerre future, la lutte se passera entre des nations entières et aura pour objectif la réduction de l'ennemi à une impuissance complète. Et par suite, le bombardement d'une ville de la côte, si importante et si riche fût-elle, ne causerait à l'ennemi qu'un dommage tout à fait local qui n'influerait guère sur l'issue même des hostilités.

Même sous ce rapport, d'ailleurs, la Russie serait dans une situation plus favorable que l'Allemagne; car ses côtes sont moins peuplées et les pertes qu'y causerait un bombardement seraient moins importantes. Par conséquent, une flotte nombreuse serait encore moins nécessaire à la

Russie qu'à l'Allemagne. A l'exception de Riga, de Revel et d'Helsing-
fors, qui sont solidement fortifiées, la côte russe ne présente pas de villes
importantes. Et la flotte russe, dans son état actuel, constitue une force
déjà très sérieuse.

Mais même la destruction complète de la flotte ennemie n'exerce- **Faible influence des victoires navales sur les opérations en terre ferme.**
rait pas une très grande influence sur le résultat de la guerre en terre
ferme. En nous reportant à l'expérience des dernières guerres en
Europe, nous signalerons, avant tout, la destruction de la flotte italienne
par celle de l'Autriche, à Lissa, en 1866. Quel avantage l'Autriche,
battue à Sadowa, retira-t-elle de cette victoire?

En 1870, la Confédération de l'Allemagne du Nord n'avait presque
point de marine; et la flotte française eut pleine liberté d'action. Et
pourtant, comme nous l'avons déjà rappelé, cette flotte ne fit aucun mal
à l'Allemagne et n'influa en rien sur la marche de la guerre. On préféra
employer les marins à renforcer la défense de Paris. Il est bien vrai que
le commerce maritime allemand fut entièrement arrêté, mais maintenant pareille chose arrivera toujours. Quel que soit le nombre des bâtiments de guerre, les communications maritimes seront malgré tout
interrompues. Chaque puissance possède aujourd'hui assez de croiseurs
et de bâtiments de commerce susceptibles d'être transformés en croiseurs, pour arrêter tout commerce sur mer.

Les cuirassés ne peuvent rien contre cela. Ils sont tellement infé-
rieurs en vitesse que les croiseurs les éviteront complètement en se
riant d'adversaires aussi peu maniables. Les cuirassés ne sont bons que
pour combattre leurs semblables et pour bombarder les côtes.

Mais admettons qu'une des flottes opposées, la flotte russe par
exemple, arrive à posséder une supériorité décisive sur la flotte adverse,
en coulant à fond beaucoup plus de cuirassés ennemis qu'elle n'en
perdra elle-même.

Alors la flotte russe n'arriverait qu'à se mettre dans le cas où se
trouva la flotte française en 1870, qui n'avait pas même eu à remporter
de victoire, puisqu'elle n'avait pas d'adversaire du tout. La flotte, ainsi
victorieuse, naviguera le long des côtes et menacera quelques localités.
Supposons même que la flotte russe agisse plus énergiquement et plus
habilement que la flotte française en 1870, et qu'elle bombarde sans
pitié un grand nombre de petites localités de la côte. Les grandes villes
allemandes telles que Brême, Hambourg, Stettin, Kiel, Dantzig, Kœnigs-

berg lui demeureront inaccessibles, parce qu'elles sont trop éloignées de la mer.

Mais même à l'égard des autres villes, moins importantes, il ne sera pas facile à une escadre cuirassée d'obtenir des résultats sérieux. Quand elle s'approchera des côtes, en effet, elle rencontrera les torpilleurs, les torpilles et les bateaux sous-marins de l'ennemi, c'est-à-dire qu'elle sera exposée à de grands dangers. La tactique actuelle dispose pour la défense des côtes de moyens déjà bien différents de ceux qu'on avait en 1870. Admettons toutefois que cette escadre cuirassée reste intacte. Mais si elle ne possède pas de croiseurs rapides, alors, de l'entrée même des baies qu'elle aura bloquées, sortiront à son nez des centaines de navires marchands et le blocus sera vain. A ce point de vue un seul croiseur peut faire plus que toute une flotte de cuirassés qui sont peu maniables, et qui consomment, pour se mouvoir, une énorme quantité de charbon, que les vaisseaux russes auront beaucoup de mal à se procurer. Ce qui suffirait à empêcher les cuirassés russes de donner la chasse aux bâtiments légers pourvus d'un approvisionnement suffisant de combustible.

Si donc le rôle des cuirassés ne peut être d'interrompre le commerce maritime, tout ce qu'ils peuvent faire sera de ruiner nombre de villages paisibles en massacrant une foule d'hommes sans armes, de femmes et d'enfants, et en augmentant le caractère de sauvagerie des rapports internationaux.

Quant au cas où la victoire reviendrait à la flotte allemande, même agissant de concert avec la flotte anglaise, les résultats ultérieurs de ses opérations seraient encore moins importants, car les côtes russes sont encore bien moins peuplées que celles de l'Allemagne.

Mais allons plus loin, et voyons quel rôle joueront les flottes dans les opérations provenant d'un conflit franco-allemand. Supposons donc que la flotte française soit vaincue dans une bataille par la flotte allemande — ce qui n'eût pas eu lieu si la flotte russe avait été renforcée en temps opportun. Mais que pourra alors faire le vainqueur, pour influer sur la marche des hostilités engagées à terre entre les deux pays? Rien de plus, suivant toute probabilité, que ne fit la flotte française en 1870, — car les Allemands certainement n'agiraient pas contrairement aux observations rapportées plus haut, c'est-à-dire ne commettraient pas la faute de tenter un débarquement.

Dans un de ses discours, le prince de Bismarck a montré par la comparaison bien frappante que voici le peu d'importance des victoires navales, sur mer, par rapport à celles des victoires obtenues à terre : « Il ne faut pas oublier que la conquête du moindre village constitue un succès réel, dont l'importance se fait immédiatement sentir ; tandis que la prise d'un bâtiment ennemi n'entre en ligne de compte qu'après la fin de la guerre. La prise d'une place forte assure la possession d'un territoire déterminé ; tandis que la capture même d'une flotte ennemie tout entière ne constitue tout au plus qu'un moyen d'entreprendre encore quelque autre conquête. » Mais si la Russie voulait tenter des conquêtes en Allemagne et en Autriche, elle n'aurait nullement besoin de flotte pour cela — attendu que ces pays lui sont limitrophes, à terre, sur une très grande étendue ; — ce qui montre qu'une augmentation superflue de la flotte russe ne répondrait pas à la situation.

Opinion de Bismarck.

Faisons deux hypothèses : 1° l'armée de terre d'un État quelconque de cinq puissances formant la Double et la Triple Alliance est détruite, et la flotte de ce même État remporte une victoire complète : comme résultat, il se trouve que ce pays sera quand même vaincu ; 2° l'armée aura remporté une victoire complète, mais la flotte sera détruite : résultat, le pays pourra recueillir tous les fruits de sa victoire. Le pays vaincu sur terre sera obligé de payer une indemnité de guerre, et par conséquent sa flotte peut devenir la propriété du vainqueur. A tous ces arguments on peut objecter qu'il doit y avoir des raisons majeures pour que tous les États augmentent ainsi leurs flottes. On peut à cette objection faire cette seule réponse que c'est un sport auquel prennent part tous les gouvernements, excepté l'Angleterre.

Pour l'Angleterre, il y a un intérêt de premier ordre à rester maîtresse de la mer, partout et à l'égard de n'importe quel adversaire, pour protéger contre tout danger non seulement les Iles-Britanniques, mais son commerce maritime, l'immense étendue de ses colonies dans toutes les parties du globe, et les communications par lesquelles s'effectue à son profit l'échange des richesses de l'Ancien et du Nouveau-Monde, échange qui comme le flux et le reflux est indispensable à l'entretien de son existence même. Maîtresse des mers, l'Angleterre peut être tranquille pour elle-même et pour ses colonies. Par conséquent l'empire de la mer n'est pas, pour elle, un mot vide de sens ; et elle a d'excellentes raisons pour subordonner tout le reste au souci de la puissance de sa flotte.

Intérêt pour l'Angleterre d'augmenter sa flotte.

Et cet exemple est précisément instructif pour les autres pays. L'Angleterre compte très peu sur la puissance de ses troupes de terre. L'opinion dominante en cette nation, au point de vue de la politique navale, a été caractérisée par sir Charles Dilke, de la manière suivante :

« Le pays qui veut régner sur les mers doit avant tout songer à
« la force et au nombre de ses cuirassés ; mais les Etats qui sont, sous
« ce rapport, de second ordre, et dont la flotte n'a qu'une importance
« purement défensive, doivent se contenter de construire des torpil-
« leurs. »

Voilà ce qu'il est nécessaire, avant tout, d'avoir en vue. Un Etat composé d'îles, du moment où il a assuré la supériorité de sa flotte, est par là-même pleinement en sécurité et, par conséquent, il lui faut tout sacrifier à la puissance de cette flotte. Tous les États continentaux se trouvent dans une toute autre situation, vu que les flottes ne peuvent garantir leur sécurité.

Comme le coup décisif ne peut évidemment être porté à l'ennemi que dans la lutte sur terre, la guerre maritime n'a qu'une importance secondaire, dans la mesure où elle influe sur le cours des opérations exécutées à terre. Si la guerre navale est conduite indépendamment de ces opérations et n'influe pas sur elles, elle ne constitue par elle-même qu'une perte inutile de forces et de richesse.

Conclusions.

Ainsi, la comparaison que nous venons de faire des moyens de guerre maritime dont disposent les divers pays, montre clairement que les millions consacrés à cet objet ne peuvent être d'aucun avantage pratique ; même si l'on admet que les guerres restent inévitables dans l'avenir, comme elles l'étaient dans le passé.

L'utilité des ouvrages est principalement fort contestée.

En Allemagne, on a tiré de la bataille de Ya-lou cette conclusion générale, que le seul bâtiment cuirassé sur lequel on puisse compter aujourd'hui ne saurait être qu'un énorme monitor entièrement protégé par une cuirasse. En France, M. de Chasseloup-Laubat, dans un mémoire adressé à la Société des ingénieurs civils, exprimait la même idée. « Actuellement, dit-il, il n'existe qu'un seul type de bâtiment de combat capable de supporter les coups terribles de la nouvelle artillerie. C'est un navire à bordages peu élevés, n'ayant presque pas de parties sortant de l'eau et dont le pont soit au-dessous de la ligne de flottaison. » La même opinion a été exprimée par d'autres spécialistes français dans les questions maritimes, tels que Bertin, Ferrand, Craneau.

Dans la *Rivista marittima* italienne, M. Lorenzo d'Adda exprime cette opinion que : « le bâtiment de combat de l'avenir doit être une sorte de monitor très peu élevé au-dessus de l'eau, fortement armé... » L'amiral allemand Werner a établi le projet d'un nouveau bâtiment qui, comparé aux modèles qui existent aujourd'hui, montre clairement combien peu d'avantages on retirera, selon toute vraisemblance, des milliards absorbés jusqu'à présent par la construction des flottes actuelles.

Mais il est encore une circonstance défavorable aux cuirassés ; c'est que précisément avec l'emploi des projectiles remplis de substances explosibles, la cuirasse elle-même n'offre plus une protection suffisante, si l'on n'y joint pas un pont blindé à une épaisseur suffisante pour résister à un projectile tombant sous un grand angle. Poyen dit que toute protection fournie par une ceinture de cuirassement est inutile et vaine, s'il suffit d'un seul projectile atteignant le pont pour mettre un navire hors de combat par suite de dommages causés à ses œuvres vives. Si on ne veut pas risquer des millions dans la construction de cuirassés que peut anéantir la chute d'un seul projectile, il est absolument nécessaire de recouvrir leur pont d'un blindage vraiment assez fort pour en neutraliser les effets.

Et, de fait, sur les cuirassés les plus récents, les ponts sont recouverts d'une cuirasse, mais dont l'épaisseur est toutefois trop réduite.

Une lutte maritime quelque peu longue amènera un tel affaiblissement des flottes, qu'en réalité ces navires seuls resteront en état d'agir, qu'auront après les luttes navales construits les nations qui disposent de grandes ressources. C'est donc très justement que Barnaby, ancien ingénieur en chef des constructions navales de l'Amirauté britannique, disait que la puissance relative des divers pays, au point de vue de la guerre navale, se mesure principalement à la composition de leur flotte de commerce — navires et marins ; — ensuite, au nombre et à l'effectif des équipages de guerre ; puis à la capacité de production des chantiers et arsenaux ; et seulement après tout cela, d'après le nombre des bâtiments de combat qui figurent sur les listes au début de la guerre.

Les calculs que nous avons faits montrent que l'Angleterre seule pourrait, pendant la guerre la plus longue, s'assurer la domination sur mer en contraignant les autres puissances maritimes à céder partout.

Mais, d'un autre côté, l'interruption des communications maritimes mettrait cette puissance au bord de l'abîme et provoquerait peut-être dans le pays de tels bouleversements que l'existence même de l'État dans son ordre actuel serait mise en péril ; de sorte que la probabilité d'une terrible catastrophe écarte, de sa part, la possibilité d'une guerre prolongée, si convaincue soit-elle d'en sortir victorieuse. Le manque des importations nécessaires pour alimenter sa population ne lui permettrait pas d'ailleurs de soutenir bien longtemps la lutte. Avec ce qu'elle récolte de froment, d'orge et de seigle, la Grande-Bretagne n'aurait pas de quoi vivre 274 jours par an ; en fait d'avoine, elle n'en a que pour 76 jours.

Une commission composée d'économistes, de négociants, et d'hommes politiques a été convoquée par l'initiative privée d'un groupe parlementaire. Les calculs établis ont démontré qu'il faut posséder un stock de blé permanent se montant à des dizaines de millions de livres sterling. Mais pour emmagasiner ce stock on devra construire des magasins dont le prix se montera aussi à des dizaines de millions de livres sterling. Et ce qui est plus grave encore, pour renouveler ces provisions, il faudra instituer une administration colossale qui exigera chaque année des sommes immenses.

Mais admettons qu'on fasse ces sacrifices, il ne faut cependant pas oublier que l'état empire chaque année, tant par suite de l'accroissement de la population de l'Angleterre, qu'en raison d'une réduction de l'étendue des terrains ensemencés.

Ainsi, dans la période de 1894-95, les importations se sont augmentées comparativement à la période de 1888-91, de 54 0/0 (de 3.491 à 5.378 tonnes) c'est-à-dire que d'une de ces périodes à l'autre, le nombre de jours pendant lesquels, chaque année, la population doit se nourrir de grains importés s'est accru de 96 (de 178 à 274 jours.)

Outre cette insuffisance de blé, la Grande-Bretagne éprouve également un déficit sur d'autres produits d'une nécessité quotidienne : tels que l'avoine pour la nourriture des chevaux, la viande, les substances animales, végétales, et autres.

Nos calculs sur l'étendue des besoins ressentis pour les produits sus-indiqués montrent que les projets, imaginés pour constituer des réserves en temps de paix, n'ont pas été mis à exécution et ne le seront pas, par cette simple raison qu'il ne suffit d'acheter les produits, il faut toujours tenir les approvisionnements dans le même état.

Or, la quantité d'approvisionnements qu'il faudrait entretenir et renouveler exigerait des dépenses annuelles si considérables, qu'actuellement il serait difficile d'obtenir des Parlements le vote des crédits nécessaires à les couvrir.

Quant à l'Allemagne, l'amiral Werner estime qu'en cas de guerre avec la Russie, il lui faudrait demander la paix après quelques semaines, si le conflit commençait au moment de l'année où les provisions de grain touchent à leur fin, ou bien, après quelques mois, si les bâtiments ennemis parvenaient à empêcher l'importation maritime du blé. — Il observe aussi que, dans la guerre future, se déciderait le destin, non pas de quelques territoires, mais de nations entières ; qu'à l'exception peut-être de l'Espagne et de la Norvège, l'Europe entière serait entraînée dans la guerre entre la Triple Alliance, la France et la Russie ; enfin que le blocus de toute la côte allemande par la flotte française mettrait l'Allemagne à deux doigts de la ruine, si de promptes victoires des armées allemandes ne rétablissaient pas les affaires.

Mais cette dernière perspective d'un prompt dénouement de la guerre est peu probable. De quelque côté que penchera finalement la victoire, le sort de la guerre ne se déciderait probablement qu'après des combats et des sièges longs et acharnés.

Le général von der Goltz, au mois de janvier de cette année, a publié la cinquième édition de son ouvrage classique, la *Nation armée*, dans laquelle il dit :

« Les ressources économiques prendront fin avant que les forces armées soient épuisées, puisque les opérations en France doivent forcément avoir un caractère traînant. Une guerre contre la Russie ne pourrait dans aucun cas se terminer en une campagne, il en faudra toujours plusieurs pour arriver à un résultat quelconque. On peut prédire que les guerres ne pourront se terminer autrement que par la complète destruction (*Vernichtung*) de l'un ou l'épuisement entier des deux belligérants. »

Si même on partage l'opinion des optimistes, qui ne répond d'ailleurs à rien, et qu'on admette la possibilité pour les vivres de les avoir en magasin ou de les faire arriver en Angleterre en convois escortés par des navires de guerre, il faut cependant tenir compte du renchérissement énorme qu'éprouveraient ces vivres par suite de la spéculation et des risques courus, alors qu'en même temps se produirait une interruption des salaires industriels. Il n'y a en effet pas de doute que, par suite du manque des matières premières et de l'impossibilité d'en importer, la plupart des fabriques seraient réduites au chômage.

Ainsi, en continuant à augmenter sans interruption le nombre de leurs navires et à en perfectionner l'armement à grands frais, les Etats européens semblent se laisser glisser, comme sur une pente, vers un but qu'ils ne sauraient nettement déterminer et qu'il leur est d'ailleurs impossible d'atteindre. Mais les difficultés financières et sociales, qui s'accroissent en même temps, feront naître enfin de tels dangers que ces Etats devront, après d'énormes sacrifices, se résigner à la solution de résoudre en cas de besoin les différends, non par la guerre, mais en les soumettant à un tribunal d'arbitrage. On est donc autorisé de se demander : Ne serait-il pas plus raisonnable d'adopter dès aujourd'hui le point 8 du programme de la Conférence de la Paix ? En ce cas, on peut être certain que tous les gouvernements renonceront à des armements stériles.

Voilà ce que l'Europe peut attendre de la guerre future. Mais, outre les sacrifices matériels et les pertes inévitables — en effusion de sang, en incendies, épidémies et famine, — cette guerre fera un mal moral énorme à l'humanité, en raison des principes d'après lesquels elle sera conduite sur mer et des actes de sauvagerie qu'elle déterminera, au moment même où la civilisation se voit menacée, par une foule de théories nouvelles, de bouleversements sociaux.

Combien faudra-t-il de travail pénible et ingrat pour réparer les pertes et guérir les blessures causées par une seule année de guerre ? Combien de localités florissantes auront été transformées en déserts ? Combien de villes riches seront tombées en ruines ? Combien aura-t-il été versé de pleurs ?

Combien l'Europe comptera-t-elle de nouvelles calamités, de nouvelles misères ? N'y a-t-il pas cependant assez de misérables, dont le sort est digne de pitié et au soulagement desquels avec plus d'avantage et de fruit, sans voir le côté humanitaire, on emploierait l'argent dépensé à la construction de cuirassés, en armements de toutes sortes, dont l'utilité est bien problématique ? Il serait vraiment impardonnable que l'on ne pût pas se décider à écouter la voix des honnêtes gens qui demandent à l'humanité de renoncer à des mœurs sauvages, qui érigent en principe cet axiome : « La force prime le droit. » Combien de temps encore ces appels resteront-ils sans résultat effectif ?

Faut-il attendre un terrible exemple, au risque de voir surgir un nouvel état de choses gros de complications ; et des prétentions à une nouvelle île de Robinson Crusoé, ou à des avantages commerciaux, souvent imaginaires, hâtons-nous de le dire, ne seraient-elles pas jugées avec assez d'équité par une cour composée des premiers magistrats de toutes les puissances, petites et grandes ?

Dans les conditions actuelles, la guerre serait, non seulement un acte de la plus haute témérité, mais équivaudrait à un véritable suicide. L'examen consciencieux de toutes les opinions émises au sujet de la guerre maritime par les sommités militaires et économiques nous amènent à dire que les flottes mises en présence se trouveraient dans l'impossibilité de résister aux forces destructives dont elles disposeraient mutuellement, et que la lutte sur mer, ainsi que la guerre sur terre, si l'on veut éviter l'anéantissement des armées, devra durer des années et amènera fatalement la banqueroute économique, qui forcera les États à conclure rapidement la paix, quelque onéreuses qu'en soient les conditions.

Toutes les opérations sur mer, à l'exception toutefois de celles qui ont pour but d'interrompre les communications maritimes commerciales, ne joueront qu'un rôle secondaire dans la guerre future. Les augmentations croissantes des flottes par les Etats continentaux proviennent donc de la seule cause si-bien exprimée par le chancelier Caprivi par ces mots : « Zahlenwuth ! » (la rage des chiffres).

Paris. — Imp. Paul Dupont. (Cl.) 583.5.99.

www.ingramcontent.com/pod-product-compliance
Ingram Content Group UK Ltd.
Pitfield, Milton Keynes, MK11 3LW, UK
UKHW021003220726
13924UKWH00002B/876